Thomas Schirrmacher

Christenverfolgung
Die vergessenen Märtyrer

hänssler

Hänssler – KURZ UND BÜNDIG
Bestell-Nr. 394.908
ISBN 978-3-7751-4908-2

© Copyright der deutschen Ausgabe 2008 by
Hänssler Verlag im SCM-Verlag GmbH & Co. KG · 71088 Holzgerlingen
Internet: www.haenssler-verlag.de
E-Mail: info@haenssler.de
Umschlaggestaltung: Jens Vogelsang, Aachen
Titelbild:
Stacheldraht: Fotograf: Brian Hagiwara/Bildagentur CORBIS, Düsseldorf
Hintergrund: Graphics Collection
Satz: typoscript GmbH, Kirchentellinsfurt
Druck und Bindung: CPI – Ebner & Spiegel, Ulm
Printed in Germany

Inhalt

Geht es Ihnen nicht auch so? Über manch einen Themenbereich würde man gerne als Normalbürger Bescheid wissen (oder muss es vielleicht sogar). Doch was die Fachleute schreiben, ist im Normalfall zu kompliziert und zu umfangreich. Wer hat schon Zeit, sich in jedes Thema wochenlang einzuarbeiten!?

Hier wollen wir Hilfestellung leisten. In *Hänssler kurz und bündig* geben Fachleute, die sich mit einem Thema schon seit Jahren intensiv beschäftigen, kurz und verständlich einen Überblick über das, was man wissen muss, wenn man Bescheid wissen will und mitreden können möchte.

Dabei enthält jeder Band der Reihe *Hänssler kurz und bündig* die folgenden Elemente:

- Fakten und Basisinformationen
- die Diskussion kontroverser Fragen
- praktische Hilfen und Hinweise zum Weiterarbeiten

All das ist so angelegt, dass der Leser sich in zwei bis drei Stunden (also etwa statt des Abendkrimis oder auf einer Zugfahrt) ein Thema in seinen Grundlagen aneignen kann. Die Anwendung im Leben oder das anschließende Gespräch mit anderen wird dann aber sicher etwas länger dauern ...

Ich würde mir wünschen, dass dieser kleine Band Ihren Horizont erweitern kann und die Informationen liefert, die Sie suchen.

Thomas Schirrmacher

I. Die Situation verfolgter Christen im 21. Jahrhundert

1. Christenverfolgung heute

Das Christentum und die Sonnen- und Schattenseite der Religionsfreiheit

Die eine Hälfte der Christenheit genießt die Sonnenseite der Religionsfreiheit. Keine große Religionsgemeinschaft hat einen so hohen Prozentsatz an Mitgliedern, die unbehelligt ihre Religionsfreiheit leben können. Das hat natürlich damit zu tun, dass fast alle ehemals »christlichen« Staaten heute Religionsfreiheit gewähren.

Andererseits hat keine Religionsgemeinschaft mit Ausnahme der Baha'i einen so hohen Prozentsatz an Angehörigen aufzuweisen, die von ständigen Schikanen bis hin zur Bedrohung an Leib und Leben betroffen sind. Die Angehörigen der größten Weltreligion machen mindestens 75 % aller Opfer von Verletzungen von Religionsfreiheit aus. Die Gewalt gegen Christen reicht vom Mord an Nonnen in Indien über das Abfackeln von Kirchen in Indonesien und dem Verprügeln von Missionaren in Ägypten über die Folter eines widerspenstigen Pfarrers in Vietnam bis hin zur Verstoßung eines Juden aus einer orthodoxen Familie in Israel, weil er zum jüdischen Messianismus übergetreten war.

»Im beschaulichen Mitteleuropa braucht es ein gehöriges Maß an Vorstellungskraft, um sich auch nur annähernd in die tägliche Lebenswirklichkeit von Millionen anderer Christen hineinzudenken. Nimmt man internationale Rechtsstandards als Maßstab, so ist die Lage dieser Christen oft eine einzige Katastrophe. Ein Desaster, an das sich alle Beteiligten gewöhnt haben und das von unserer säkularen Gesellschaft – wenn überhaupt – nur dann ansatzweise zur Kenntnis genommen wird, wenn außergewöhnlich starke Erschütterungen Flüchtlingsströme über die Welt spülen. Die täglichen Entrechtungen und Demütigungen, sie fallen nicht weiter auf. Dabei ist die Liste der Staaten, in denen Christen diskriminiert, ja zum Teil heftig diskriminiert oder verfolgt werden, bedrückend lang. Dazu zählen neben Indien, in dem extremistische Hinduisten für eine Vielzahl von Gewaltverbrechen an Christen verantwortlich sind, vor allem die verbliebenen Einparteiendiktaturen sozialistischer Prägung und auch das neomarxistische Regime in Eritrea. Bei der Mehrheit der Länder, in denen Christen um ihres Glaubens willen leiden, handelt es sich allerdings um islamisch geprägte Staaten.«[1]

Bedrohte Religionsfreiheit

»Jedermann hat das Recht auf Gedanken-, Gewissens- und Religionsfreiheit. Dieses Recht umfasst die Freiheit, seine Religion oder seine Weltanschauung zu wechseln, sowie die Freiheit, seine Religion oder seine Weltanschauung allein oder in Gemeinschaft mit anderen öffentlich und privat durch Unterricht, Ausübung, Gottesdienst und Beobachtung religiöser Bräuche zu bekunden.«

(Artikel 18 der Allgemeinen Erklärung der Menschenrechte)

»Niemand soll einem Zwang unterworfen sein, der seine Freiheit beschränken würde, einer Religion oder Glaubensüberzeugung seiner eigenen Wahl anzuhängen oder diese anzunehmen.«

(Artikel 18.2 des UN-Abkommens über bürgerliche und politische Rechte)

In vielen Ländern der Welt werden nach wie vor Menschen diskriminiert oder verfolgt, nur weil sie eine bestimmte religiöse Überzeugung haben. Religionsfreiheit und Menschenrechte stehen in einem engen Zusammenhang: In Ländern, in denen die Religionsfreiheit eingeschränkt ist, wird häufig auch gegen andere Menschenrechte verstoßen.

Donato Lama, ein katholischer Filipino, hatte seit 15 Jahren in Saudi-Arabien gearbeitet, als Polizisten bei der Durchsuchung seiner Wohnung ein Foto fanden, auf dem er bei einer katholischen Andacht zu sehen war. Daraufhin wurde er verhaftet, zwei Wochen ohne Kontakt zur Außenwelt festgehalten, in Handschellen und Beinfesseln gelegt und geschlagen. Man warf ihm vor, er habe für das Christentum missioniert. Schließlich wurde er zu anderthalb Jahren Gefängnis und 70 Peitschenhieben verurteilt.

Im Bericht der US-Regierung zur Religionsfreiheit heißt es zu Saudi-Arabien kurz und bündig: »Religionsfreiheit existiert nicht. Der Islam ist offizielle Religion und alle Bürger müssen Muslime sein. Die Regierung verbietet die öffentliche Ausübung anderer Religionen ... Die Bekehrung eines Muslim zu einer anderen Religion ... kann mit dem Tod bestraft werden.«[2] Auch wenn es nur selten zu Verurteilungen wegen der Bekehrung von Muslimen kommt, weil solche Übertritte kaum öffentlich verhandelt werden, verstößt Saudi-Arabien mit diesem Gesetz gegen Artikel 18 der Allgemeinen Erklärung der Menschenrechte, die das Recht auf Religionswechsel ausdrücklich einschließt. Besonders Christen sind von der Intoleranz der saudi-arabischen Behörden anderen Religionen gegenüber betroffen. Die Mehrzahl der Christen in Saudi-Arabien sind ausländische Arbeitnehmer. Besonders unter den Filipinos finden sich immer wieder katholische und evangelikale Christen, die schikaniert, verhaftet, monatelang in Gewahrsam gehalten, gefoltert und schließlich abgeschoben werden.

Aber nicht nur Gläubige anderer Religionen werden in Saudi-Arabien verfolgt, auch abweichende islamische Auffassungen, die nicht der in Saudi-Arabien dominierenden hanbalitischen Rechtsschule entsprechen, bekämpft die Religionspolizei *Muttawwa*. Neben Schiiten und Mitgliedern islamischer Sekten sind auch Anhänger von drei der vier offiziellen islamischen Rechtsschulen betroffen. Die Verfolgung von Glaubensgemeinschaften, die von der Staatsreligion abweichen, lässt sich in vielen Ländern beobachten. Ein anderer weltweiter Trend wird in Saudi-Arabien deutlich: Immer weniger werden Fälle, die die Religionsfreiheit betreffen, vor Gericht verhandelt, sondern mehr und mehr Geheimdiensten überlassen.

In Staaten, in denen die Religionsfreiheit eingeschränkt wird, werden – wie schon gesagt – häufig auch andere Menschenrechte missachtet. Zwischen beiden Themen besteht ein enger Zusammenhang: Millionen von Menschen werden nur deshalb in ihren Menschenrechten verletzt, weil sie eine bestimmte Glaubensüberzeugung haben. Und Christen sind hier besonders betroffen, denn ihre Zahl wächst derzeit schnell in Ländern, die Menschenrechte wenig achten, wie etwa China.

Menschenrechte und Religionsfreiheit haben einen gemeinsamen Ursprung. Die ersten Menschenrechtskataloge entstanden in Frankreich im Kampf gegen eine alles beherrschende Kirche. In den USA wurden sie von Menschen formuliert, die zum großen Teil vor der Religionsverfolgung in Europa geflohen waren. So hat die Forderung nach Religionsfreiheit die Entwicklung des Menschenrechtsgedankens mitbestimmt.

An Christen verfolgenden kommunistischen Ländern sind vor allem Kuba und in Asien China, Vietnam und Nordkorea übriggeblieben. Damit lebt aber weiterhin ein Viertel der Weltbevölkerung in kommunistischen Ländern Asiens.

Seitdem das Thema Religionsfreiheit mit dem Zusammenbruch der Sowjetunion aus dem Schatten von Kommunismus und Antikommunismus herausgetreten ist, sind die islamischen Staaten, die Menschen in Verbindung mit ihrem Glauben verfolgen, stärker ins Blickfeld der Öffentlichkeit gerückt.

Betroffen sind nicht nur Christen. So werden die Baha'i von vielen islamischen Regierungen rücksichtslos verfolgt. In seinem Ursprungsland Iran ist diese aus dem schiitischen Islam entstandene neue Religion fast ausgerottet. In anderen Ländern wie Ägypten wird sie auf jede erdenkliche Weise bekämpft. In Turkmenistan verloren die Baha'i ihre Registrierung, weil sie keine 500 turkmenische Mitglieder nachweisen konnten. Seitdem dürfen sie keine Gottesdienste mehr abhalten. Pro Kopf der Anhänger gerechnet sind die Baha'i die Religionsgemeinschaft, die derzeit weltweit am stärksten verfolgt wird, gefolgt von den Christen auf Platz 2, von denen es in absoluten Zahlen natürlich viel mehr gibt.

In Pakistan muss Blasphemie gegen den Islam und Mohammed gemäß Gesetz mit dem Tod bestraft werden. Christen sind schon durch ihren Glauben immer in Gefahr, der Blasphemie beschuldigt zu werden. So wurden die Brüder Rasheed und Saleem Masih zu 35 Jahren Haft und hohen Geldstrafen verurteilt, weil sie sich angeblich abfällig über den Islam und Mohammed geäußert haben sollen.

Aber auch in Ländern ohne Staatsreligion werden Menschen wegen ihres Glaubens verfolgt. In China wurden Mitglieder christlicher Gruppierungen verhaftet und zu langjährigen Gefängnisstrafen verurteilt. Anhänger charismatischer und nicht-orthodoxer Glaubensrichtungen werden ohne Gerichtsverfahren mit »Umerziehung durch Arbeit« bestraft, stellt der Jahresbericht von *amnesty international 2003* und *2007* fest. 1999 wurde die religiöse Bewegung Falun Gong verboten. Seitdem sind Tausende ihrer Anhänger festgenommen worden, nachdem sie friedlich gegen das Verbot protestiert oder ihre Religion praktiziert hatten. Mehrere von ihnen wurden zu Haftstrafen von bis zu 18 Jahren verurteilt.

Parallel dazu werden in China die Kontrollmaßnahmen gegen andere nicht-genehmigte religiöse Gruppen wieder verschärft, darunter alle Kirchen, die sich nicht den beiden offiziellen, staatlich sanktionierten Kirchenbünden anschließen. Dazu gehören die vielen evangelischen, fast ausschließlich evangelikalen Hauskirchen ebenso wie die papsttreuen Katholiken, die sich nicht der unabhängigen chinesisch-katholischen Kirche anschließen wollen. Schätzungen gehen von 60 Mio. Protestanten in Hauskirchen und 8 Mio. römisch-katholischen Christen im Untergrund aus. In Tibet werden Buddhisten von den chinesischen Behörden verfolgt. Nach wie vor befinden sich Hunderte buddhistischer Nonnen und Mönche in Haft.

In Kuba erhalten evangelikale Gemeinden immer wieder Besuch von Geheimpolizisten, die evangelistische Aktivitäten unterbinden wollen. Auf der Straße über den Glauben zu sprechen, wird schwer bestraft. Kirchenbauten werden praktisch immer verboten und Renovierungen behindert, private religiöse Treffen sind strafbar. Trotzdem schätzt man die Zahl der Hauskirchen in Kuba auf über 10 000.

Die Regierung Vietnams geht mit massiver Propaganda gegen die Christen der einheimischen Stammesvölker vor. Die Aktivitäten richten sich vor allem gegen 150 000 bis 300 000 Angehörige des Volkes der Hmong, die seit 1985 in einer großen und anhaltenden Erweckung Christen wurden. Die Regierung will die Christen in ihre angestammte Stammesreligion zurückzwingen. Religionsfreiheit definiert die Verfassung Vietnams von 1992 als das Recht, die angestammte Religion weiter ausüben zu dürfen.

Eine Form der Einschränkung der Religionsfreiheit ist der Zwang zur Registrierung von Glaubensgemeinschaften, wie sie beispielsweise Turkmenistan fordert. *Amnesty international* berichtet in ihren »Concerns in Europe« über eine Welle von Polizeirazzien gegen protestantische Kirchen. Gottesdienste von Adventisten und Baptisten wurden unterbrochen, Glaubensgemeinschaften aufgelöst und Geldstrafen gegen Geistliche verhängt. Offiziell genießen registrierte Glaubensgemeinschaften Religionsfreiheit. Nicht registrierte Religionsgemeinschaften sind dagegen von amtlichen Schikanen bedroht. Um sich registrieren zu lassen, müssen religiöse Gruppen einige

Hürden überwinden. Ein Problem ist dabei der Nachweis von 500 volljährigen Mitgliedern mit turkmenischer Staatsangehörigkeit. Derzeit sind nur die russisch-orthodoxe Kirche und sunnitische Muslime offiziell zugelassen.

Die Verletzung der Religionsfreiheit nimmt viele Formen an und geht nicht nur von Staaten aus. Auch und gerade religiöse Menschen bekämpfen die Ausübung von Glaubensrichtungen, die von der dominierenden Religion abweichen. Häufig wird diese Verfolgung andersgläubiger Mitbürger vom Staat geduldet oder mindestens nicht verhindert. Dafür sind Indien und Pakistan traurige Beispiele. Ayub Masih aus Pakistan hat zwei Mordanschläge überlebt. Fanatische Muslime hatten einen Eid geschworen, ihn zu töten. Alle 14 christlichen Familien in seinem Heimatdorf mussten fliehen und untertauchen. Ayub Masih fürchtet sich weniger vor den Behörden als vor islamischen Extremisten. Zwei Christen, deren Todesurteil von Berufungsgerichten aufgehoben worden waren, wurden bereits ermordet.

Andere Motive treten hinzu: Gerade in den lateinamerikanischen Ländern, in denen die Drogenmafia oder Guerilla-Armeen eine große Rolle spielen, finden sich viele Beispiele von Verfolgung durch örtliche Machthaber. Christen werden leicht zwischen den Fronten zerrieben, besonders, wenn sie selbst gewaltlos bleiben wollen. In Peru leben Christen, insbesondere die Angehörigen der nichtkatholischen Freikirchen, die sich gegen die Mafia, den Drogenhandel und den Staatsterrorismus wenden, in ständiger Lebensgefahr. 700 Pastoren wurden ermordet, die Zahl der getöteten Gemeindeglieder ist nicht bekannt. Zudem wurden viele Christen unschuldig als Terroristen inhaftiert.

Auch in Kolumbien sind Christen in Gefahr. So entführte eine Befreiungsarmee beispielsweise 150 Teilnehmer einer katholischen Messe, 19 von ihnen sind immer noch nicht freigelassen worden. Die protestantischen Freikirchen sind oft die einzigen sozialen Institutionen, die sich weigern, Schutzgeld zu zahlen und Drogen anzubauen. Die Mafia ermordet Pastoren und zerstört Kirchen. Viele Christen sind in die Städte geflohen, aber Erweckungen in den Verfolgungsgebieten sorgen dafür, dass es immer neue Opfer gibt.

Immer wieder werden auch religiös motivierte Menschenrechtsaktivisten und Sozialarbeiter bedroht, die sich für verfolgte oder sozial benachteiligte Minderheiten einsetzen. So hat Dionisio Vendresen mehrere Morddrohungen erhalten. Er ist Regionalkoordinator der kirchlichen Organisation »Commissão Pastoral da Terra« (CPT) im brasilianischen Bundesstaat Paraná. Die Organisation bekämpft die zunehmende Gewalt in der Region und unterstützt Opfer von Gewaltverbrechen in rechtlichen Fragen.

In religiös zerrissenen Ländern wie Sri Lanka, Sudan, Nigeria, Timor, Israel/Palästina, den Philippinen und Indonesien gehören bürgerkriegsähnliche Zustände zur Tagesordnung. Oft sind sie mit religiösen Fragen verquickt, und gerade Christen geraten oft zwischen die Fronten streitender Parteien.

Viele christliche Organisationen setzen sich hauptsächlich für verfolgte Christen in aller Welt ein. Dieses Engagement wird häufig als Benachteiligung anderer Religionen kritisiert. So entwickelten sich zwei Debatten des Deutschen Bundestages 1999 und 2007 über Christenverfolgung zu einer Auseinandersetzung über die Frage, ob das Aufgreifen der Christenverfolgung heißen solle, dass Anhänger anderer Religionen nicht verfolgt würden, oder dass Christen wichtiger als andere seien. Bisher war es allerdings so, dass ein größerer Schutz der Religionsfreiheit für Christen immer auch mehr Schutz für andere mit sich gebracht hat. Der Bundestag hat dann auch 2007 mit großer Mehrheit beschlossen, dass der Kampf gegen Christenverfolgung und der Verfolgung anderer Religionen Bestandteil der deutschen Außenpolitik sein soll.

In den USA hat der Einsatz christlicher Organisationen zur Einrichtung einer Kommission aus Vertretern vieler Religionen und Menschenrechtsorganisationen geführt, die jedes Jahr über die weltweite Lage der Religionsfreiheit berichtet. Das Engagement der Christen kommt damit allen Religionen zugute. Die christliche Theologie aller Konfessionen rechnet – von wenigen Ausnahmen abgesehen – die Religionsfreiheit für alle Religionen zum Kernbestand ihrer Überzeugungen.

Arten der Verfolgung

Schon das Neue Testament nennt viele Arten der Verfolgung als Vorstufen des Martyriums. Es beginnt mit Spott (Hebräer 11,36) und Verachtung (Markus 9,12), die auch Jesus in der Bergpredigt anspricht: »Selig seid ihr, wenn euch die Menschen um meinetwillen schmähen und verfolgen und reden allerlei Übles gegen euch, wenn sie damit lügen« (Matthäus 5,11). Jesus selbst wurde das Wort verboten, es wurden Gerüchte gegen ihn in die Welt gesetzt, er wurde illegal verhaftet, gefoltert, grausam hingerichtet – und doch war dies der Plan Gottes, um ihn zur Herrlichkeit zu erhöhen (Apostelgeschichte 2,22-36; vgl. bei Paulus 1. Korinther 15,30-32; 2. Korinther 6,4-5; 11,23-25). Die Vielfalt der Verfolgungsarten kennt wie die der Menschenrechtsverletzungen keine Grenzen. Die »harmloseren« davon sind in allen Ländern der Erde verbreitet, so Spott, Ausgrenzung, Mobbing am Arbeitsplatz oder das Verunglimpfen der Christen oder ihrer Symbole und Lehren im Fernsehen.

Paul Marshall[3] hat übersichtlich dargestellt, in welchen Stufen Christenverfolgung und auch die Verfolgung anderer Religionen üblicherweise abläuft:

Stufen der Christenverfolgung

Stufe 1: Desinformation
Stufe 2: Diskriminierung
Stufe 3: Verfolgung

Zunächst werden also durch Medien, öffentliche Äußerungen oder durch Mundpropaganda Gerüchte und Falschinformationen verbreitet und die öffentliche Meinung gegen Christen gewendet. Haben die Christen selbst keinen Zugang zur öffentlichen und veröffentlichten Meinung, wird die Desinformation allmählich als Wahrheit angesehen. Ein Beispiel dafür ist die Überzeugung einer Mehrheit der Türken, dass die Protestanten im Land für die CIA arbeiten und die Türkei unterminieren wollen.

Dann folgt die Diskriminierung von Christen als Bürger zweiter Klasse, entweder seitens des Staates oder der Bürokratie und/oder auch durch die Bevölkerung und die Nachbarn. In China wird beispielsweise die Ausbildung der Kinder behindert, in islamischen Ländern der finanzielle Status verschlechtert oder in Indien wird den ärmsten Dalits (früher Paria, »Unberührbare«, oft fälschlich »Kastenlose« genannt) die Sozialhilfe gestrichen, wenn sie Christen werden.

Daraus entwickelt sich die Verfolgung, die die verschiedensten Formen der Gewalt nutzt, von spontanen Angriffen über Brandstiftung oder Gefängnis bis hin zu Todesstrafe oder Mord. So werden in Indonesien Kirchen angezündet, in Nordnigeria christliche Lehrerinnen verprügelt, in Indien Nonnen vergewaltigt und im Iran Pastoren vom Geheimdienst umgebracht.

Verursacher der Verfolgung

Ausgerechnet das 20. Jahrhundert, in dem viele mit dem Anspruch des Humanismus, der Menschenrechte und der Demokratie auftraten, brachte auch ideologische Bewegungen wie Kommunismus und Nationalsozialismus und gewaltsame Bewegungen innerhalb des Islam und des Hinduismus hervor, die Millionen von Christen und anderen Menschen wegen ihrer Überzeugungen das Leben gekostet haben. Einige dieser Bewegungen sind auch im 21. Jahrhundert weiterhin für viele Christen (und andere) eine tödliche Bedrohung.

Rangliste der Christen verfolgenden Religionen und Ideologien

1. Islam
als Staatsreligion, islamistische Bewegungen: z. B. Saudi-Arabien, Afghanistan, Ägypten

2. Hinduismus
politischer Hinduismus, teilweise als Bundesstaatsreligion: Indien, Nepal

3. Kommunismus
als Staatsideologie: Nordkorea, Vietnam, Laos, Kuba, China

4. Buddhismus
als Staatsreligion: z. B. Bhutan, Myanmar, Sri Lanka

5. Seltener sind der Pluralismus in westlichen Ländern, wenn er intolerant auftritt, und das Christentum in von einer orthodoxen Bevölkerungsmehrheit bestimmten Ländern zu nennen.

An dieser Stelle muss speziell auf die islamischen Länder eingegangen werden. In vielen armen wie reichen Ländern mit muslimischer Mehrheitsbevölkerung fehlt eine gesellschaftliche Veränderung hin zu einem Minimum an echter Toleranz bisher völlig. Max Klingberg schreibt dazu in unserer jährlichen Stellungnahme zum Stand der Christenverfolgung: »Von einer Gleichberechtigung sind Christen und andere Nichtmuslime weit entfernt. Sie sind Bürger zweiter und dritter Klasse – wenn sie als Christen überhaupt Bürger ihres eigenen Landes sein dürfen ... Die Rückbesinnung auf den Islam und die Bestrebungen zur Umsetzung der Scharia, dem islamischen Rechtssystem, schreitet seit Jahren voran. Die barbarische Konsequenz, mit der die Taliban (Koranschüler) in Afghanistan und Pakistan oder die Union der Schariagerichte in Somalia die Scharia durchsetzen wollen, ist selten. Der totalitäre Charakter aber, mit dem der politische Islam in zahlreichen Staaten der Erde praktiziert wird, ist dagegen verbreitet. Ganz besonders deutlich wird das an den verschiedenen staatlichen Religions-Polizeieinheiten, wie es sie in Saudi-Arabien, im Afghanistan des Präsidenten Karsais oder in Nordnigeria gibt. Daneben existieren eine Reihe von nichtstaatlichen Gruppen, die ihre Vorstellungen von ›Tugend‹ mit Gewalt erzwingen und ›Sünde‹, wie z. B. die Verbreitung des Evangeliums, mit aller Härte bekämpfen.

Die gesellschaftliche Stellung von einheimischen Christen ist gemessen an internationalen Menschenrechtsstandards in der Mehrheit der muslimischen Staaten unhaltbar – sie ist in vielen Fällen auch unhaltbar gemessen an den völkerrechtlich bindenden Verträgen, die diese Staaten ratifiziert haben. Auch mit den Grundsätzen der Vereinten Nationen, in denen alle islamischen Staaten Mitgliedsstatus inne haben, ist die systematische Diskriminierung der christlichen Minderheiten unvereinbar ...

Am härtesten trifft es Konvertiten, also Christen, die einen muslimischen Familienhintergrund haben. Ihr Glaube wird nicht als private Angelegenheit betrachtet, sondern als Verrat am Islam und als Schande für die Familie. Konvertiten, die ihren christlichen Glauben nicht verheimlichen wollen, drohen schwerste Sanktionen – bis hin zu Schlägen, Morddrohungen und Mord. Selbst in christlich geprägten Ländern Europas sind ehemalige Muslime, die sich zu ihrem christlichen Glauben bekennen, nicht automatisch sicher. Auch sie können Opfer von Einschüchterungen, körperlicher Gewalt, Morddrohungen oder sogar von ›Ehrverbrechen‹ werden – selbst in Europa. Der Druck in den islamisch geprägten Herkunftsländern ist indessen unvergleichlich größer.

Ein Beispiel: Der 25-jährige ägyptische Journalist Mohammed Ahmed Hegazy wurde vor vier Jahren Christ. Anfang August 2007 wollte er den Religionseintrag in seinen Ausweispapieren ändern lassen. Dadurch wurde sein Übertritt zum Christentum bekannt, mehrere Rechtsgelehrte der als ›gemäßigt‹ geltenden Al-Azhar-Universität verlangten deswegen seine Enthauptung, teilweise sogar im ägyptischen Fernsehen. Selbst der ägyptische Minister für religiöse Angelegenheiten verteidigte öffentlich die Todesstrafe für Konvertiten.«[4]

Warum werden gerade Christen so viel verfolgt?

Welches sind die Gründe, dass gerade Christen statistisch in absoluten Zahlen und prozentual neben den Baha'i am häufigsten von Verletzungen der Religionsfreiheit betroffen sind, während zugleich so viele Christen völlige oder fast völlige Religionsfreiheit genießen?

Die Gründe für Christenverfolgungen sind natürlich oft vielschichtig und meist nicht nur religiös. So können politische, kulturelle, nationalistische, wirtschaftliche und persönliche Motive eine wichtige Rolle spielen.

Dies wird bereits im Alten Testament deutlich. Bei Königin Isebel vermischte sich der Hass auf Gott und seine Propheten mit Machtgelüsten, aber auch ganz persönlichen Bereicherungsversuchen (1. Könige 16-19). Und in der Offenbarung des Johannes kommen zum Hass auf die Gemeinde politische und wirtschaftliche Gründe hinzu. Ein gutes Beispiel sind auch die Kunsthandwerker und Gold- und Silberschmiede in Ephesus (Apostelgeschichte 19,23-29), die in der Verkündigung des Paulus und ihrem Erfolg eine »Gefahr« (V. 26) für ihren »Wohlstand« (V. 25) sahen und deswegen einen Aufstand anzettelten. Auch die Inhaftierung von Paulus und Silas nach der Austreibung eines Wahrsagegeistes einer Sklavin wird durch den Ärger über den damit entfallenden Gewinn der Besitzer verursacht (Apostelgeschichte 16,16-24). Es muss uns immer bewusst sein, dass es keine lupenreine, religiös motivierte Christenverfolgung oder Einschränkung der Religionsfreiheit gibt, sondern immer eine meist verwirrende und undurchsichtige Verschränkung mit den Problemen der jeweiligen Kultur und Gesellschaft vorliegt.

Wir können an dieser Stelle jedoch die große Vielfalt der Motive und Hintergründe von Christenverfolgungen weder in historischer Tiefe noch in geographischer Breite behandeln, auch wenn wir im ganzen Buch die Beispiele so gewählt haben, dass die unterschiedlichsten Arten der Verfolgung vorgestellt werden. Nur: Wenn ein Anhänger einer verhassten Religion und Träger einer verhassten Hautfarbe gefoltert wird, darf man weder den Rassismus damit verharmlosen, weil ja in Wirklichkeit eine religiöse Komponente im Spiel sei, noch umgekehrt die religiöse Seite vernachlässigen, weil es sich um einen Rassenkonflikt handle. Rassismus und religiös motivierter Hass sind beide verabscheuungswürdig, und wenn sie gleichzeitig vorkommen, müssen sie eben über beide Schienen bekämpft werden.

Trotz dieser Einschränkung nun also zurück zur Frage, warum Christen so überdurchschnittlich häufig von Einschränkungen der Religionsfreiheit betroffen sind:

1. Das Christentum ist die mit Abstand größte Weltreligion und deswegen von Menschenrechtsverletzungen, die sich auf die Religion der Betroffenen beziehen, auch am häufigsten betroffen.

2. Das Christentum wächst derzeit am stärksten in solchen Ländern, die die Menschenrechte nicht achten, zum Beispiel in China oder etlichen Ländern Afrikas.

3. Das Christentum erlebt – insbesondere in seiner evangelikalen Form – ein phänomenales Wachstum in nichtchristlichen Ländern weltweit. Das bedroht zunehmend die Stellung der Mehrheitsreligion in zahlreichen Ländern.

Es gibt derzeit einen weltweiten zahlenmäßigen Wettlauf zwischen den beiden größten Weltreligionen Christentum und Islam, die beide zudem auf Kosten anderer Religionen wachsen.[5] Der Islam aber ist von seiner Geschichte inhaltlich immer schon gegen das Christentum ausgerichtet gewesen, eine Konfrontation, die es in dieser Form etwa mit dem Buddhismus nie gegeben hat. Und das Christentum hat sich in 1400 Jahren auf diese Herausforderung eingestellt und trägt von dorther auch manches unbrauchbare Gepäck einer jahrhundertelangen Auseinandersetzung mit sich.

Nur die drei größten Weltreligionen wachsen derzeit schneller als die Weltbevölkerung, die mit einer Rate von 1,19 % wächst. Es sind dies der Hinduismus vor allem durch Geburtenüberschuss um 1,33 %, der Islam aus demselben Grund und aufgrund von wirtschaftlich-politischen Maßnahmen und gelegentlich aufgrund von Missionsarbeit mit 1,78 % sowie das Christentum mit 1,30 %, wobei vor allem das missionarisch aktive evangelikale und charismatische Christentum mit einem Wachstum von enormen 2,2 % den Schrumpfprozess des Christentums in der westlichen Welt wettmacht. Zu den derzeit bekennenden Evangelikalen kommen täglich 32 000 und jährlich 88 Mio. Gläubige netto hinzu.

	Angehörige 2008	Wachstum in %	Schätzung für 2025
Weltbevölkerung	**6.691.484.000**	**1,19**	**7.905.234.000**
Christen	2.231.421.000	1,30	2.670.312.000
Muslime	1.412.301.000	1,78	1.861.360.000
Hindus	887.991.000	1,33	1.065.370.000
Nichtreligiöse	767.470.000	0,05	803.645.000
Chinesische Universalisten	387.448.000	0,65	429.381.000

Buddhisten	391.122.000	0,80	456.705.000
Stammesreligionen	261.566.000	1,00	279.010.000
Atheisten	147.766.000	0,20	147.659.000
Neue Religionen	106.730.000	0,69	117.573.000
Sikhs	23.040.000	1,48	28.440.000
Juden	15.044.000	0,87	17.287.000

Die Zahl der im jeweiligen Ausland tätigen vollzeitlichen christlichen Missionare wird auf 420 000 geschätzt, die Zahl der vollzeitlich für christliche Kirchen Tätige auf 5,1 Mio., davon der größte Teil aus der nichtwestlichen Welt.

Das enorme Wachstum der nichtwestlichen Christenheit löst weltweit Spannungen aus. In Afrika und Lateinamerika hat sich das Christentum seit 1970 verdoppelt, in Asien sogar verdreifacht. In den nichtchristlichen Ländern China, Indien und Indonesien gehen heute je für sich sonntags wesentlich mehr Menschen in einen Gottesdienst als im ganzen westlichen Europa zusammen.

So ist die Zahl der evangelikalen Christen in China auf etwa 60 Mio. angestiegen, und in Indien haben schätzungsweise 40 Mio. Dalits, Fußabtreter des Kastensystems, den Hinduismus Richtung Christentum (und 40 Mio. in Richtung Buddhismus und Islam) verlassen, obwohl ein Dalit beim Übertritt zum Christentum oder Islam viele Rechte, etwa das Recht auf Sozialhilfe, verliert. Viele Dalits treten deswegen auch nur heimlich über. Christen haben ihnen schon über hundert Jahre Schulbildung ermöglicht. Laut Verfassung müssen aber immer gewisse Prozentsätze an Dalits in allen staatlichen Berufen und Ämtern zu finden sein. Plötzlich finden sich also überall Christen in einflussreichen Stellungen weit über den Prozentsatz der Christen im Land hinaus. Solche Beispiele ließen sich beliebig vermehren.

4. Das Christentum hat in den letzten Jahrzehnten eine starke Entwicklung hin zum Verzicht auf Gewalt und politisch-sozialen Druck und damit hin zu inhaltlicher Überzeugungsarbeit und friedlicher Mission durchgemacht.

Demgegenüber haben andere Religionen nur wenig Missions-erfolge aufzuweisen, sondern wachsen vor allem durch Bevölkerungswachstum. Zudem setzen sie oft statt oder neben friedlicher Überzeugungsarbeit politischen, wirtschaftlichen oder sozialen Druck ein.

Nordirland führte uns noch bis vor kurzem vor Augen, was noch vor 400 Jahren im Christentum die Regel war und heute von Christen fassungslos verworfen wird. Inzwischen ist friedliche Mission und selbstloser sozialer Einsatz überwiegend das Markenzeichen des Christentums.

5. Länder, die in der Vergangenheit kolonisiert waren, suchen in der Wiederbelebung oder Förderung der angestammten religiösen Traditionen ihre eigene Identität und gehen zunehmend rechtlich oder/und mit Gewalt gegen »fremde« Religionen vor.

In Indien besinnt man sich auf den Hinduismus gegen Islam und Christentum, in Indonesien auf den Islam gegen Christentum und Hindu-Buddhismus, in Sri Lanka und Nepal auf den Buddhismus gegen Christentum und Islam.

6. Es gibt in vielen Ländern eine zunehmende Verknüpfung von Nationalismus und Religion, die zur Unterdrückung unerwünschter Religionen im Land führt.

Mit Indien, Indonesien, Bangladesch und Pakistan ist dabei allein schon ein Drittel der Weltbevölkerung davon betroffen. In der Türkei etwa hat ein Türke eigentlich Muslim zu sein. Das Christentum ist in der Türkei wie andernorts dem Nationalismus im Weg. Darin sind sich Islamisten und Verfechter der Säkularisierung ausnahmsweise einig. Völlige Freiheit und Gleichberechtigung für alle Christen existiert aufgrund dieses religiösen Nationalismus auch in manchen christlich geprägten Staaten nicht.

»In vielen Ländern der Erde ist die Religion und Konfession zu einem Teil der nationalen Identität geworden. Aus der Vermengung von Nationalgefühl und Konfession entstehen dabei regelmäßig Probleme. In Europa ist das nicht nur, aber vor allem auf dem Balkan spürbar. Weltweit erscheint enorm vielen Menschen ihre Religion als Teil ihrer nationalen Identität. Die Emotionalität, mit der z. T. auch wenig religiöse und sogar säkulare Menschen davon überzeugt sind, ein Türke, ein Iraner, ein Haussa[6] usw. müsse Muslim sein, ist von Deutschen vielleicht nur schwer nachvollziehbar. Sie ist gleichwohl eine wichtige Triebkraft bei vielen Konflikten. Welchen Anteil bei solchen Konflikten Religion, Nationalgefühl und wirtschaftliche Interessen haben, mag dabei den Betroffenen selbst nicht klar sein. Dennoch erwächst in einigen asiatischen und afrikanischen Staaten aus der Verbindung von Religion und ethnischer Identität eine wesentliche Ursache für gewalttätige und tödliche Spannungen.«[7]

7. Das Christentum und eine bestimmte Gruppe seiner Repräsentanten sind vielerorts laute und unbestechliche Stimmen für Menschenrechte und Demokratie geworden.
Der dem Christentum innewohnende Einsatz für Schwächere und Minderheiten – der in der Geschichte nicht immer und nicht überall sehr ausgeprägt war – ist an vielen Stellen zum Markenzeichen des Christentums geworden, sodass Christen oft Zielscheibe von Menschenrechtsgegnern und Gewaltherrschern werden, klassisch etwa in etlichen Ländern Lateinamerikas oder in Nordkorea. Zudem verfügen Christen zunehmend über weltweite Netzwerke, die auch oft gegen Menschenrechtsverletzungen aktiviert werden und weltweite Pressereaktionen auslösen können.

*8. Damit steht in engem Zusammenhang: Das Christentum ge-
fährdet oft eingespielte Verbindungen zwischen Religion und
Wirtschaft.*
Die Drogenbosse in Lateinamerika, die etwa katholische Priester oder Baptistenpastoren ermorden lassen, tun dies sicher
nicht, weil sie die Religion ihrer Gegner interessiert, sondern
weil die Kirchenleiter sich oft als Einzige für einheimische
Bauern oder Stammesvölker einsetzen und den Mafiabossen
im Wege stehen.

*9. Die Friedlichkeit der christlichen Kirchen, die oft sogar als
echter Pazifismus in Erscheinung tritt, lädt dazu ein, Gewalt
auszuüben, da kein Widerstand zu befürchten ist.*
Weltweit haben etwa Muslime zwar Angst vor amerikanischer
Vergeltung, nicht aber vor einer Reaktion einheimischer Christen. Schützt der Staat die Christen nicht, die aufgrund ihres
Glaubens an die Trennung von Kirche und Staat dem Staat das
Gewaltmonopol überlassen, werden sie zum Freiwild. Ich habe
selbst etwa mit Kirchenführern in Indonesien darüber diskutiert, ob sie ihre Häuser und Familien vor den marodierenden
schwerbewaffneten Banden der islamischen Jihadarmeen
verteidigen sollen. Einzelne Christen haben mit Gewalt ihre
Familien geschützt. Wer will sie aus dem sicheren Westen kri-
tisieren? Doch die christlichen Kirchen haben sich schließlich
auf Gewaltlosigkeit geeinigt, teilweise um einen hohen Preis.
(In Indonesien geht es dabei übrigens nicht um eine Reaktion
auf christliche Mission, sondern um »christliche« Inseln, auf
denen Christen seit Jahrhunderten unbehelligt in christlichen
Siedlungen lebten und plötzlich von schwerbewaffneten Miliz-
armeen überfallen werden.)

*10. Christen werden oft mit dem verhassten Westen in eins
gesetzt.*
Zwar ist der Westen längst überwiegend nicht mehr wirklich
christlich, zwar haben McWorld oder Pornografie als Feind-

bilder vieler mit dem Christentum eigentlich nichts zu tun, zwar sind Kirchen in der Dritten Welt heute praktisch ausnahmslos unter einheimischer Leitung und unabhängig, aber den Verdacht können die einheimischen Christen trotzdem nicht abschütteln. Türkische Christen werden der Spionage für den CIA verdächtigt, chinesische Christen als Handlanger der USA oder des »westlichen« Papstes angesehen, und trotz aller westlichen Unterstützungszahlungen gelten »Christen« in Palästina als Handlanger des Zionismus.

11. Die Internationalität des Christentums wird als Gefahr empfunden.
Dass Christen sich letztlich immer über die Staatsbürgerschaft in ihrem Land hinaus nach Paulus allen himmlischen Staatsbürgern (Philipper 3,20) verbunden fühlen und die Kirche sich nach Jesus multikulturell und transnational versteht (Matthäus 28,18), kann ebenso als bedrohlich empfunden werden wie die enormen internationalen personellen, ideellen und finanziellen Verflechtungen. Dass die christliche Theologie längst internationalisiert wurde und christliche Theologen und Theologinnen mit ihresgleichen aus allen Völkern im Gespräch sind, wird von Christen als Bereicherung, von Nichtchristen aber oft als unkalkulierbarer Machtfaktor gesehen.

Dass niemand die Millionen in Hauskirchen organisierten Evangelikalen in China steuert, ja dass sie – leider – oft in viele zerstrittene Richtungen auseinanderfallen, will und »kann« die chinesische Regierung nicht glauben. Dass der Papst in China sowieso nur einheimische Bischöfe ernennt und sich nicht in die politischen Angelegenheiten Chinas einmischen will – in Polen hat er gerade einen allzu politischen katholischen Radiosender verboten –, will und »kann« die chinesische Regierung nicht glauben. Eine chinesische katholische Kirche ja, eine dem Papst unterstellte nein. Die chinesische Regierung hat Panik davor, irgendeine einflussreiche Organisation im Land könnte aus dem Ausland ferngesteuert sein.

Es sei durchaus kritisch angemerkt, dass manches amerikanische christliche Missionswerk und gelegentlich auch Missionswerke aus anderen Ländern in ihrem Auftreten den Eindruck erwecken, als gäbe es von den USA ausgehende weltweite christliche Eroberungsstrategien. Dass das amerikanische christliche Fernsehen sprachlich und technisch die ganze Welt erreicht, kann hier eine verheerende Wirkung haben. Wenn man zum Beispiel Missionsveranstaltungen wie früher üblich weiter *crusade* (»Kreuzzug«) nennt, darf man sich nicht wundern, dass viele diesen Begriff wörtlich nehmen.

»Ich habe geweint«

Interview mit Thomas Schirrmacher zu den Morden an drei Christen in Malatya, Türkei
aus: Allianzspiegel (Informationsdienst der Österreichischen Evangelischen Allianz) 22/2007, S. 1–3

Allianzspiegel: Zunächst möchte ich Ihnen mein Beileid zum Mord an einem Ihrer Studenten aussprechen.
Schirrmacher: Herzlichen Dank, die einheimischen Protestanten wissen diese internationale Solidarität zu schätzen.

Sie sind als Direktor des Internationalen Instituts für Religionsfreiheit eher wissenschaftlich mit Religionsmorden beschäftigt, als Rektor des Martin Bucer Seminars aber plötzlich direkt mit solchen Morden konfrontiert. War das eine neue Erfahrung für Sie?
Bei uns gehen täglich Berichte von Religionsmorden ein, Morde an Christen, weil sie Christen sind, ebenso wie Morde an Anhängern anderer Religionen, die allerdings nicht ganz so häufig vorkommen. Das geht natürlich nicht spurlos an einem vorüber. Auch haben wir natürlich schon

viele Zeugen und Hinterbliebene interviewt, und das geht einem bei aller notwendigen Verpflichtung zur akademischen Seriosität auch oft sehr zu Herzen.

Aber Sie haben schon Recht: Die unmittelbare Erfahrung, dass es Freunde, Studenten, Mitarbeiter trifft, die man kennt, ist etwas völlig anderes. Aus einer akademischen Spezialisierung ist plötzlich die harte Realität des Lebens geworden. Unsere Mitarbeiter kennen die Opfer, kennen aber auch die Hinterbliebenen und wiederum deren Verwandte, kennen die Menschen persönlich, die jetzt um ihr Leben fürchten. Kurzum: Diesmal habe ich geweint.

Haben Sie mit einer solchen Entwicklung gerechnet?
Ja und nein. Einerseits musste es ja irgendwann einmal so kommen, nachdem die winzige protestantische beziehungsweise evangelikale Minderheit bis in die höchsten Regierungskreise hinein ununterbrochen haltlosen Verleumdungen und Verschwörungstheorien ausgesetzt war und ist. Dass die CIA 25 000 Missionare in der Türkei habe, um einen Umsturz vorzubereiten oder die Türken vom Türkensein wegzubringen, ist für viele Türken Alltagswissen. Bei aller Spannung zwischen Islamisten und Nationalisten im Land treffen sie sich in ihrer Abneigung gegen türkische Christen. Und vor allem die Christen, die vorher offiziell Muslime waren – viele waren ja tatsächlich säkular oder atheistisch ausgerichtet –, bekommen wie in aller Welt so auch in der Türkei den Zorn von Behörden und Mitmenschen zu spüren.

Andererseits haben wir nur eine Woche vor den Morden im internationalen Vorstand des Internationalen Instituts für Religionsfreiheit auch eine Lageeinschätzung in Bezug auf die Türkei vorgenommen. Wir haben schlimme Entwicklungen befürchtet, da etwa immer häufiger einheimische und ausländische Christen auf offener Straße zusammengeschlagen werden, aber wir waren uns zumindest sicher, dass ausländischen Christen keine Gefahr droht und haben eher mit Brandstiftung gegen christliche Einrichtungen gerechnet. Wir haben uns gründlich geirrt.

Werden sich die einheimischen Protestanten nun wieder stärker in den Untergrund begeben?

Die protestantischen Kirchenführer in der Türkei haben sich eindeutig entschieden, eher noch stärker in die Öffentlichkeit zu gehen, wie das ja bereits bei der Beerdigung von Necati Aydin deutlich wurde. Das kann man angesichts der Gefahr nur bewundern.

Und Ihre theologische Ausbildungsstätte?

Wir haben natürlich auch im Martin Bucer Seminar über diese Frage diskutiert. Von unserer Seite kam eher die Besorgnis, aber unsere Studienzentren stehen ja jeweils unter einheimischer Leitung und sowohl der Studienleiter vor Ort, Ihsan Özbek, der ja zugleich Präsident der Vereinigung protestantischer Gemeinden in der Türkei ist und selbst mit Morddrohungen lebt, als auch der Präsident unseres nationalen Vorstandes, Behnan Konutgan, der oft genug zur Polizei vorgeladen wird, haben das klare Signal gegeben, dass jetzt eine gediegene theologische Ausbildung für die einheimischen Pastoren nötiger ist denn je und man das nicht verstecken wolle. Darin werden wir sie uneingeschränkt weiter unterstützen.

Sind nicht insbesondere die Evangelikalen in der Türkei zu aggressiv?

Zum einen sagen Sie das mal den türkischen Christen selbst! Das sind ja keine kleinen Kinder, denen wir aus

Deutschland vorschreiben können, was sie tun dürfen und was nicht. Es sind erwachsene Menschen, die ihr Recht auf Meinungsfreiheit im Rahmen der in der Türkei geltenden Gesetze in Anspruch nehmen. Zum Glück gibt es ja im Christentum keinen Missionskolonialismus mehr. Einheimische Kirchen müssen selbst entscheiden, wie weit sie im Einzelnen gehen können und wollen, wenn sie auf brutale Feindschaft stoßen.

Zum anderen: Lernen Sie doch einfach einmal die Christen vor Ort kennen! »Aggressiv«, was immer damit eigentlich gemeint ist, ist da sicher keiner. Es sind ja alles Türken, die wissen, wie man sich in ihrem Land benimmt, die ihr Leben nicht unnötig gefährden wollen und die für die *Liebe* Jesu werben wollen. Nur: Wenn in der Türkei ein Muslim eine Bibel in einem Laden kauft und sich dafür dann ja wohl aus freien Stücken entschieden haben muss, wird in der Türkei trotzdem sofort von aggressiver Mission gesprochen und die westlichen Medien beten das oft gleich nach. Missioniert der Papst in Deutschland aggressiv, weil sein Buch zum Verkauf ausliegt? Es muss doch niemand sein Buch kaufen!

Wieso kommen denn die nichtprotestantischen Kirchen in der Türkei scheinbar besser mit dem Staat aus?

Nach dem Mord an einem katholischen Priester und einem armenischen Schriftsteller wird kaum noch davon die Rede sein dürfen, dass in der Türkei Nationalisten und Islamisten noch wirklich groß innerhalb der Christen unterscheiden. Wer Türke ist, kann nur Muslim sein, ob frommer oder säkularer, steht dann auf einem anderen Blatt. Religionsfreiheit, selbst in eingeschränkter Form, wie es sie früher unter den Sultanen gab, kennen auch die alteingesessenen Kirchen nicht. Die Säkularisierung der Türkei hat vielen genutzt, den Christen aber nur geschadet.

Aber daneben gibt es nun einmal einen historischen Kompromiss der alteingesessenen Kirchen in der islamischen Welt mit dem Islam, dass sie bestenfalls geduldet werden, wenn sie auf jede missionarische Aktivität gegenüber den Muslimen verzichten. So wendet sich die koptische Kirche in Ägypten seit Jahrhunderten schon nicht mehr an muslimische Ägypter, sondern arbeitet ausschließlich unter Kopten. Wenn nun ein Muslim zum Christentum konvertiert, ist es unmöglich, dass er von den alteingesessenen christlichen Minderheiten aufgenommen wird. Deswegen senden orthodoxe Priester Konvertiten in Ägypten wie in der Türkei oft zu den protestantischen Gemeinden, die sowieso überwiegend aus Konvertiten bestehen.

Fordern Sie nach diesen Ereignissen die Einstellung der Beitrittsverhandlungen der EU mit der Türkei?
Diese Frage ist nicht leicht zu beantworten. Denn als christlicher Ethiker ist für mich die Trennung von Kirche und Staat bedeutsam. Als Kirche muss man sagen: Nur ein EU-Beitritt bringt den einheimischen Christen die langersehnte Freiheit, weswegen die einheimischen Christen dafür beten. Als Kirche in Deutschland können wir das nicht einfach aus zum Beispiel wirtschaftlichen Erwägungen verneinen. Meine Rente hat mir angesichts des Leidens anderer Christen zunächst einmal egal zu sein. Und dass möglicherweise Millionen von Muslimen nach Deutschland ziehen, kann eine missionarisch lebendige Kirche nicht schrecken.

Gleichzeitig glaube ich aber, dass die Staaten der EU nicht merken, dass sie für innertürkische Machtspiele missbraucht werden. Aus der Sicht des Staates hat ein EU-Beitritt viel zu viele Unwägbarkeiten, als dass er im Moment ernsthaft erwogen werden sollte. Die Idee einer privilegierten Partnerschaft wäre da politisch sicher ein guter Kompromiss, der mehr Freiheit ermöglicht, ja erzwingt, aber die Türkei nicht unumkehrbar zum Teil der EU macht, gleich, ob der Islamismus in der Türkei die Oberhand gewinnt oder nicht.

Wir danken für das Interview.

Warum die Evangelikalen?

Gehen wir noch auf die Frage ein, warum die ca. 420 Mio. Evangelikalen in spezieller Weise von Christenverfolgung betroffen sind – ohne damit das Leid anderer Kirchen und Christen als weniger schlimm einstufen zu wollen.

Vorweg sei gesagt: Die Evangelikalen haben sich schon immer stark für die Religionsfreiheit eingesetzt – einschließlich der Freiheit nicht-evangelikaler Kirchen. Als Mitte des 19. Jahrhunderts Pastoren aus Landes- und Freikirchen in Europa begannen, sich über Grenzen hinweg zu treffen, womit sie die früheste ökumenische Bewegung bildeten, gehörte die Religionsfreiheit in Europa, wo die Religionszugehörigkeit oft immer noch vorgeschrieben war, zu ihren vorrangigen Zielen. Im Jahr 1852 besuchte z. B. eine hochrangige Delegation der Evangelischen Allianz den osmanischen Sultan bezüglich der Situation der verfolgten orthodoxen Kirchen, und in dieser Tradition stehend haben evangelikale Juristen, die Experten für Religionsfreiheit sind, vor dem Europäischen Gerichtshof für Menschenrechte für mehrere nicht-protestantische Kirchen, wie z. B. die bessarabische oder die griechisch-orthodoxe Kirche, Prozesse um deren Religionsfreiheit geführt und auch gewonnen. Die orthodoxen Kirchen in der Türkei wie auch die sterbenden alten Kirchen im Irak finden heute ihre größte Unterstützung in evangelikalen Organisationen, da Evangelikale in großem Stil internationale Medien, aber auch – wie z. B. in Deutschland – die Hilfe von Parlament und Regierungen nutzen.

Evangelikale Gruppen auf der ganzen Welt setzen sich für die Verteidigung der Religionsfreiheit ein, sind nirgends als Gruppierung an Bürgerkriegen beteiligt und stehen in keinerlei Weise in Verbindung zu Terrorgruppen. Bisweilen wird behauptet, dass der Irakkrieg dafür eine Ausnahme sei, zumal US-Präsident Bush[8] den Evangelikalen nahesteht und anfänglich viele amerikanische Evangelikale den Krieg unterstützten. Aber das taten auch viele andere religiöse Gruppen in den USA, und ich kann in diesem Krieg keinerlei evangelikale Motivationen und Ziele über das hinaus erkennen, was in den USA allgemein *Civil Religion*[9] genannt wird.[10] Es gab ja auch ausdrücklich nicht die Absicht, irgendjemanden zum Christen zu machen oder das Evangelium zu verbreiten – zum Glück. Auch Jimmy Carter war ein Evangelikaler, und wie viele evangelikale Organisationen in den USA ist auch er ein großer Kritiker des zweiten Irakkrieges. Abgesehen davon war auch die große Mehrheit der internationalen evangelikalen Welt gegen den Krieg, in dem Wissen, zu welcher Unruhe er führen würde und dass er jede Religionsfreiheit im Irak vernichten würde, sofern es diese überhaupt noch gab. Dies war mit Sicherheit kein evangelikaler Krieg.

Nun aber zurück dazu, warum Evangelikale häufig in zwischenreligiöse Konflikte verwickelt sind:

1. Unter evangelikalen Gruppen findet sich der höchste Prozentsatz von Christen, die aus einem nichtchristlichen Hintergrund kommen und die erst als Erwachsene oder wenigstens als Teenager Christen wurden.
Höhere Prozentsätze an Anhängern der ersten Generation finden sich nur unter Sondergruppen wie den Mormonen oder den

Zeugen Jehovas. Die evangelikale Bewegung wächst rapide in Afrika und Asien (vorrangig durch das Zeugnis von Afrikanern und Asiaten) und bringt viele Christen hervor, die keine örtliche oder allgemeine Geschichte der friedlichen Interaktion innerhalb ihrer Kultur aufweisen. In der Türkei sind zum Beispiel 85 % aller Evangelikalen Konvertiten aus dem Islam. Diese ziehen natürlich viel mehr Aufmerksamkeit und Bedrohungen auf sich als die historischen Kirchen, die ihre Existenz oft mit dem Preis erkauften, dass sie mit dem Rest der Bevölkerung nicht in Kontakt kamen und nicht missionierten.

Im Übrigen kann ich nicht erkennen, dass altorientalische, orthodoxe oder katholische Kirchen in der Türkei wirklich irgendeinen Vorteil oder mehr Rechte haben als Evangelikale. Übrigens: Der türkische Staat verwechselt die Evangelikalen oft mit den Zeugen Jehovas, die auch dort gerne von Tür zu Tür gehen, doch der Staat hat sonderbarerweise den Zeugen Jehovas die vollen Rechte als akzeptierte Religion zugestanden, die sonst die wenigsten christlichen Kirchen in der Türkei besitzen.

2. Evangelikale Gruppen repräsentieren selten alte autochthone[11] Kirchen.
Es gab und gibt keine »evangelikalen« Staaten in dem Sinne, wie es katholische, orthodoxe oder lutherische Staaten gab oder gibt. Auch stellen die Evangelikalen, obwohl es Hunderte von Millionen von ihnen gibt, in keinem Land der Welt die Bevölkerungsmehrheit, vielleicht mit Ausnahme von Guatemala.

3. Evangelikale Gruppen haben oft einen angelsächsischen Hintergrund und tragen den amerikanischen Gedanken der totalen Rede- und Pressefreiheit und der totalen Freiheit des Einzelnen wie auch des mangelnden Respektes gegenüber alten traditionellen Strukturen und Kulturen in die Gemeinden.
Die moderne Form der Religionsfreiheit – nicht die antireligiöse und gewalttätige der Französischen Revolution, sondern

die moderne, friedliche Form – wurde sozusagen von dem Baptisten Roger Williams gegen Ende des 17. Jahrhunderts in Providence »erfunden«, das heißt gefordert, in Gesetzesform gegossen und umgesetzt. Doch nicht alle Länder sind auf diese Form der Religionsfreiheit vorbereitet, die in Amerika, Kanada oder Australien schon lange ausgeübt wird. Das christliche Westdeutschland zum Beispiel übernahm diese Form der Religionsfreiheit erst 1949, und selbst dann wurde sie von Kirche und Volk nur zögerlich wirklich angenommen. Und manche Formen der Redefreiheit in den USA bereiten sogar Europäern und europäischen Christen Sorge. Zum Beispiel ist es dort so gut wie unmöglich, eine Internetseite sperren zu lassen, ganz egal, wie schrecklich und gewaltverherrlichend sie ist.

Doch da die amerikanischen Evangelikalen gerade einmal 8 % aller Evangelikalen weltweit ausmachen und ihr Anteil abnimmt, ändert sich dies rapide.

5. In neuerer Zeit werden die Evangelikalen sehr stark vom Enthusiasmus der Mehrheitswelt (»Zweidrittelwelt«) angetrieben und nicht mehr von der westlichen Ausprägung der Religion.
Zu einem der großen Zentren des Christentums und führend, was absolute Zahlen betrifft, ist Asien geworden. Was die Anzahl der Missionare in aller Welt betrifft – seien es katholische, protestantische, evangelikale oder pfingstlerische –, so folgt auf die USA gleich Südkorea, und innerhalb Indiens und Chinas gibt es jeweils mehr haupt- und nebenamtliche Evangelisten aus allen christlichen Richtungen als in allen anderen Ländern.

Die großen christlichen Verbände, deren Hierarchien oft nach wie vor von westlichen Menschen bestimmt werden, können nicht einfach den Christen in Afrika und Asien sagen, wie sie sich benehmen sollen. Nur gemeinsam mit ihrer Begeisterung für Christus, ihrer reichen Spiritualität und ihrem theologischen und akademischen Wissen können wir gute Wege in die Zukunft finden.

Ich möchte als Beispiele Indien und Deutschland nehmen, die beiden Länder, die ich am besten kenne. Vom Standpunkt eines indischen katholischen Evangelisten aus scheint es jedem evangelikalen Evangelisten in Deutschland an Inspiration oder Lebhaftigkeit zu mangeln. Vom Standpunkt eines evangelikalen Evangelisten in Deutschland aus scheint dagegen jeder katholische Evangelist in Indien zu enthusiastisch zu sein und auf die Menschen zu viel Druck auszuüben. Es ist aber zu einfach, Christen aus anderen Kulturen zu sagen, sie sollen sich verändern, wenn dies eher eine Forderung ist, sich der eigenen Kultur anzupassen, anstatt Christus ähnlicher zu werden.

2. Probleme zwischen den Religionen

Die Religionen sind zurück in der Politik

Die 3,3 Mio. Bürger im Gebiet der ehemaligen DDR, die sich bei Umfragen noch als »echte« Atheisten bezeichnen, stellen heutzutage eine Besonderheit dar. Sie machen nämlich etwa 2,5 % der »echten« Atheisten international aus, deren Gesamtzahl weltweit nur noch auf rückläufige 147 Millionen geschätzt wird, also etwas mehr als 1,5 % der Weltbevölkerung.

Vielleicht macht keine andere Zahl mehr deutlich, wie sehr sich unsere Welt in den letzten 15 Jahren verändert hat und warum es vielen Menschen in Deutschland immer noch schwerfällt, zu sehen, welche zentrale Rolle im Guten wie im Schlechten die Religionen wieder für die Zukunft der Welt spielen. Deswegen hat auch die Frage, ob es gelingt, die weltweit zunehmende Einschränkung der Religionsfreiheit aufzuhalten und die vorhandene Religionsfreiheit weltweit zu festigen, sehr viel mit unserer politischen Zukunft zu tun. Wenn der Verteidigungsminister sagt, dass die Freiheit Deutschlands auch am Hindukusch verteidigt würde, so gilt dies erst recht für den weltweiten Einsatz für Religionsfreiheit.

Als ich zur Schule ging, schien die Welt von Tag zu Tag säkularer und atheistischer zu werden. Neben dem großen kommunistischen Block, einschließlich Ländern wie China und der Sowjetunion, und der säkularisierten westlichen Welt mussten sich viele Länder der Dritten Welt zwischen den beiden nichtreligiösen Blöcken entscheiden oder suchten als blockfreie Länder eine politisch säkulare Zukunft. Für viele hatte Religion mit Politik nichts mehr zu tun. Für die einen war es eine Art Folklore wie das Oktoberfest, die vielleicht im privaten Bereich sehr vorteilhaft sein konnte, für die anderen war es geistige Verwirrung.

Wie anders heute: Die eigentliche atheistisch-kommunistische Welt ist auf kleine Länder wie Nordkorea geschrumpft, in China wachsen die Religionen enorm, das bestimmende Land des Westens, die USA, erlebt eine Wiederbelebung von Christentum und Islam wie nie zuvor, in der gesamten islamischen Welt gibt es ein religiöses Erwachen. Selbst die Türkei wird wieder von islamischen Parteien regiert, und Länder wie Indien und Indonesien versuchen verzweifelt ihren religionsneutralen Status gegen politische Nationalisten aus Hinduismus und Islam zu verteidigen. Politische, ja kriegerische Auseinandersetzungen mit einem verdeckten oder offenen religiösen Anteil sind längst wieder an der Tagesordnung.

Wie hält man die nächste Generation bei der eigenen Religion?

Die weltweite Entwicklung wird die Dinge nicht einfacher machen. Die Globalisierung wird zunehmend zu einem Aufeinandertreffen oder einer Konfrontation zwischen Religionen führen, von der privaten Ebene bis hin zur Weltpolitik, ob das nun auf eine friedliche und fruchtbare oder auf eine sinnlose und schädliche Weise geschieht.

Jahr für Jahr steigt der Prozentsatz der Weltbevölkerung, der seine Religion wechselt. Heute haben Kinder oft einen ganz anderen Beruf, Lebensstil und Musikgeschmack als ihre Eltern oder ziehen gar an ganz andere Orte und in andere Länder, und viele von ihnen fühlen sich immer weniger verpflichtet, den Traditionen ihrer Vorväter zu folgen. Eine wachsende Zahl von Waisen oder Vertriebenen hat noch nicht einmal die Gelegenheit, die Kultur und Heimat ihrer Eltern kennenzulernen. In den westlichen Ländern müssen Eltern für die Ausbildung ihrer Kinder bezahlen, auch wenn ihnen die Berufe, die ihre Kinder wählen, gar nicht gefallen. Was im Westen begann, dringt zunehmend in ein Land nach dem anderen und in eine Kultur nach der anderen ein.

Die Religion ist hiervon nicht ausgenommen, und es ist auch kaum möglich, sie zur einzigen Ausnahme zu machen. In der westlichen Welt ist es normal, dass die Kinder die Religion und die politische Gesinnung wechseln können. In anderen Regionen der Welt ist dieses Phänomen im Wachsen begriffen und trifft oft auf Kulturen, die darauf überhaupt nicht vorbereitet sind und schockiert reagieren.

Durch die Globalisierung und insbesondere über Radio, Fernsehen und Internet wird jeder Anhänger einer bestimmten Religion zumindest theoretisch mit der kompletten Palette der anderen Religionen der Erde konfrontiert, während vor 100 Jahren die große Mehrheit der Weltbevölkerung in ihrem ganzen Leben überhaupt nie mit der Botschaft einer anderen Religion oder Konfession in Berührung kam!

Gleichzeitig wächst die Anzahl gemischtreligiöser Ehen – um nur einen typischen Bereich der Veränderung zu nennen –, weil junge Menschen im Durchschnitt viel mehr potentielle Partner kennenlernen als noch vor einer Generation, und weil sich unter diesen Menschen mehr potentielle Partner aus anderen Religionen befinden, als das je zuvor der Fall war.

Die moderne Eltern-Kind-Beziehung und die Globalisierung werden noch ergänzt durch die wachsende Anzahl von demokratischen Staaten im 20. Jahrhundert. In einer Demokratie gibt es Religionsfreiheit und religiösen Pluralismus. Das nützt normalerweise kleinen Religionsgemeinschaften ohne jeden politischen Einfluss mehr als der religiösen Mehrheit, die sich zu vordemokratischen Zeiten oft auf die Unterstützung der Politik und der Zivilgesellschaft verlassen konnte, um auf die ganze Kultur einen im besten Fall sanften Druck auszuüben, bei der Religion zu bleiben, in die man hineingeboren wurde. Ein typisches innerchristliches Beispiel dafür ist Lateinamerika, wo besonders in den freien Staaten die althergebrachte Dominanz des katholischen Glaubens – sowohl in Mitgliederzahlen als auch in der politischen Einflussnahme – einer wachsenden Gruppe protestantischer Kirchen und unterschiedlicher Sekten weicht.

Besonders in Demokratien wählen viele junge Menschen ihre Lieblingsreligion auf die gleiche Weise, wie sie ihre Lieblingsmusik oder gar ihre Mobilfunkgesellschaft wählen, und haben keine Ahnung davon, welch großen Einfluss dies auf Gesellschaft, Kultur und Tradition hat. In Osteuropa erleben dies seit 1989 viele Kirchen und religiöse Gruppen immer öfter, und für viele von ihnen kommt das völlig überraschend.

Wenn ein Land demokratisch wird oder seine Rechte auf Religionsfreiheit erweitert, tauchen oft plötzlich Kryptoreligiöse auf, die bis dahin ihre wahre Religionszugehörigkeit verborgen gehalten hatten. Als zum Beispiel im 18. Jahrhundert der Kaiser im katholischen Österreich den Protestantismus für legal erklärte, kamen plötzlich Tausende von Kryptoprotestanten aus dem Untergrund und verlangten eigene Gottesdienste. Auch in totalitären Staaten gibt es oft viele Kryptoreligiöse. So gibt es in islamischen Ländern wie Ägypten viele geheime Christen, im schiitischen Iran viele Kryptosunniten, und in Indien soll es unter den offiziell hinduistischen Dalits Millionen von Kryptochristen geben.

Die Revolution der Menschenrechte, die die Religionsfreiheit schützen soll, hat uns eine religiöse Balkanisierung und einen wachsenden Kampf um die Menschenseelen beschert, was schon oft durch alle Arten von Anti-Bekehrungs-Gesetzen gestoppt werden sollte – gewöhnlich ohne irgendeinen Erfolg.

Positive Entwicklungen in der jüngsten Geschichte des Christentums

Der Wechsel von einer Religion zu einer anderen – mit den darauf folgenden politischen Unruhen – ist kein neues Phänomen, sondern ein in der gesamten Geschichte bekanntes, ob es nun berühmte Menschen wie Augustinus oder ganze Kontinente betrifft (z. B. die Hinwendung Südostasiens zum Buddhismus, Europas zum Christentum oder Nordafrikas und des Nahen Ostens zum Islam), und hat in der lokalen und internationalen Politik oft eine zentrale Rolle gespielt.

Wenn solche Religionswechsel nicht stattfanden, lag in christlichen, muslimischen, hinduistischen und buddhistischen Gesellschaften der Grund dafür sehr oft eher im Druck der Kultur und der Umgebung als in der persönlichen Überzeugung. In der gesamten Menschheitsgeschichte wurden wahrscheinlich mehr Menschen gezwungen, ihre Religion zu wechseln oder in ihrer eigenen Religion zu verharren, als es Menschen gab, die frei und gut informiert ihre Religion gewählt oder behalten haben.

In den vergangenen Jahrhunderten haben Christen oft, wie heute die Mehrzahl der Muslime, von anderen Menschen gefordert, dass sie ihre fremde Religion verlassen und konvertieren sollen, aber nicht zugelassen, dass jemand seine eigene Religion verließ – sei es nun das Christentum oder den Islam – und den Abfall mit Folgen aller Art für den Einzelnen geahndet: vom Verlust der Familienbande, der Bürgerrechte, des Rufes und des Arbeitsplatzes bis hin zum Verlust des Lebens.

Wir erlebten und erleben heute noch das Ende des konstantinischen Zeitalters, wozu unter anderem gehörte, dass das Christentum durch den Staat geschützt war und Menschen durch politischen, juristischen, wirtschaftlichen und sonstigen bürgerlichen Druck in die Kirche gezwungen wurden. Die Mehrzahl der Christen empfindet dieses Ende nicht als Katastrophe, sondern vielmehr als einen Gewinn. Der christliche Glaube kann endlich wieder durch seine innere Überzeugungskraft und die Kraft des Heiligen Geistes leben und braucht nicht die Hilfe der weltlichen Mächte, seien es Armeen, Regierungen oder die Wirtschaft.

Insgesamt gesehen haben das Christentum und seine Kirchen in den letzten hundert Jahren den richtigen Weg eingeschlagen, haben zunehmend auf Gewalt, auf die Beteiligung an Kriegen oder Bürgerkriegen verzichtet und auch darauf, in der Missionsarbeit politische Mittel oder wirtschaftlichen Druck einzusetzen. Die wenigen Ausnahmen werden von der großen Mehrheit der Christen und Kirchen weltweit kritisiert, während z. B. im Ersten Weltkrieg in Europa viele Großkirchen noch den Krieg geschürt und europäischen Ländern, die sich am Krieg beteiligten, wie auch den ganzen Kolonialherren ihren Segen gegeben haben. Gott sei es gedankt, dass heute kaum mehr jemand innerhalb der christlichen Welt Gewalt in der Verbreitung der eigenen Botschaft gutheißt. Hier haben wir genau die entgegengesetzte Entwicklung wie im Islam, wo das Gutheißen von Gewalt durch die Islamisten, um die Welt zu erobern, in die muslimische Gesellschaft sogar dort Eingang findet, wo man seit Jahrhunderten friedlich mit anderen Gruppen zusammengelebt hatte.

Die Zwangsbekehrung der Sachsen durch den deutschen Kaiser oder die Goa-Inquisition in Indien sind im Wesentlichen Geschichte, und Christen sind froh darüber, weil all das zu den finstersten Seiten der Kirchengeschichte zählt. Heutzutage werden Millionen Menschen Christen, die nicht aus einem christlichen Hintergrund kommen, doch sie werden das aus Überzeugung ohne jeden Druck. Heute bekehren sich mehr Menschen zum Christentum als zu irgendeiner anderen Zeit, als Christen es zuließen, dass ihre Botschaft durch gewalttätige Verbreitung kompromittiert wurde. Was die Kanonenboote der westlichen Kolonialmächte in China nicht erreichten, erreicht heute die Botschaft des Evangeliums ohne Hilfe von außen.

Die Argumente für die Anti-Bekehrungs-Gesetze in einigen indischen Bundesstaaten (in den Sechziger- und Siebziger- jahren waren es drei, kürzlich kamen noch einige dazu) und in Sri Lanka sind aus der Luft gegriffen.[12] Neben wahren und halbwegs wahren historischen Beispielen und den Zerstö- rungen durch Bürgerkriegsarmeen, die ihren Hintergrund in christlichen Gebieten hatten, halten die von ihnen zitierten Beispiele keiner wissenschaftlichen Prüfung stand oder gehö- ren ins Reich der Verschwörungstheorien, wie z. B. die Theorie, dass christliche Missionare brasilianische Indianerstämme mit tödlichen Bakterien infiziert hätten.

Unethische Mittel

Die römisch-katholische Kirche teilte auf dem Zweiten Va- tikanischen Konzil in der Schrift *Ad Gentes* mit: »Die Kirche verbietet streng, Menschen dazu zu zwingen, den Glauben anzunehmen oder sie durch schädliche List zu locken oder abspenstig zu machen.« Was könnte unter diese unethischen Mittel fallen? Hier einige Beispiele:

- die Bestechung von Menschen mit Geld, Gütern, medizi- nischer Versorgung, Chancen oder Ämtern, d. h. das An- bieten von Belohnungen für ihre Bekehrung, die nicht geistlicher Art sind;
- das Drohen mit rechtlichen Konsequenzen, unangemesse- ner psychischer Druck oder der Zwang, Menschen Entschei- dungen treffen zu lassen, die sie nicht überblicken kön- nen, weil sie z. B. zu jung oder psychisch krank sind;
- das Ausnutzen der Autorität einer staatlichen Funktion im Amt (z. B. als Polizist oder Lehrkraft an einer staatlichen Schule);
- das Gewähren oder Verweigern finanzieller Vorteile (z. B. über Banken oder im Erbrecht);

- das Predigen vor »unfreiwilligem Publikum«, das keine Freiheit besitzt, die Situation zu verlassen (z. B. Armeeoffiziere vor ihren Soldaten oder ein Gefängnisdirektor vor den Gefängnisinsassen).

Der Staat und seine Armee haben etwa die Pflicht, friedfertige Christen zu verteidigen, wenn sie zu Opfern illegaler Gewalt werden, jedoch nicht aus dem Grund, weil sie Christen sind, sondern weil der Staat jeden Menschen so behandeln sollte, der Opfer von Gewalt wird. Doch gleichzeitig kann eine Armee nie die Aufgabe haben, das Christentum zu verteidigen, das Evangelium zu verbreiten oder für das Christentum Land einzunehmen. In der Geschichte wurden viele christliche Gebiete von Armeen erobert. Doch das war falsch, und der Einsatz einer Armee zur Verbreitung einer Religion ist immer eine unrechtmäßige Vermischung der unterschiedlichen Aufgaben der Kirche und des Staates.

In ähnlicher Weise gilt, dass Christen auf das Rechtssystem ihres Staates zurückgreifen dürfen, um ihre Rechte zu verteidigen. Doch in gleicher Weise sollten sie nicht mithilfe der Rechtsprechung andere religiöse Gruppen in ihren Rechten behindern, wenn diese von ihrer Religionsfreiheit auf legale und ethische Weise Gebrauch machen.

»Eine ergaunerte Bekehrung ist keine Bekehrung ...«

aus: EINS, Zeitschrift der Deutschen Evangelischen Allianz 4/2007, S. 15–17

Interview mit Thomas Schirrmacher (Auszug)

In einer historisch einmaligen Begegnung – nie zuvor wurden fast alle Christen der Welt bei einem solchen Treffen repräsentiert – haben im August 2007 in Toulouse der Weltkirchenrat, der Vatikan und die Weltweite Evangelische Allianz begonnen, einen Ethikkodex der Mission zu diskutieren und festzulegen, der auflistet, welche Mittel der Mission als unethisch und grundsätzlich zu verwerfen gelten. Dazu gehören etwa der Einsatz von Gewalt, Drohungen, Drogen oder Gehirnwäsche ebenso wie das Verschaffen materieller Vorteile oder der Einsatz von Polizei oder Armee zur Verbreitung einer Religion. Ein solcher Ethikkodex für Mission würde auch die Grenzen der Religionsfreiheit aus christlicher Sicht benennen und damit auch der Politik eine große Hilfe sein. Die Weltweite Evangelische Allianz hat mittlerweile auf einer Sitzung in Bangkok im September 2007 diesen Prozess gutgeheißen und für seine Fortsetzung plädiert.

Einer der Architekten einer solchen Selbstverpflichtung der gesamten Christenheit ist der Bonner evangelikale Ethiker und Religionssoziologe Thomas Schirrmacher, der seine Vorschläge zur Weiterführung des Prozesses im soeben als idea-Dokumentation erschienenen Jahrbuch »Märtyrer 2007« vorgelegt hat. Er ist derzeit weltweit unterwegs, um für den Ethikkodex zu werben, so im Moment in Istanbul beim Ökumenischen Patriarch von Konstantinopel Bartholomäus I., dem Oberhaupt der orthodoxen Kirchen.

Professor Schirrmacher, warum ein Ethikkodex für Mission?

Täglich sehen wir im Fernsehen Menschen, die ihre Religion mit Gewalt oder unlauteren Mitteln ausbreiten oder es zumindest versuchen. Das Christentum hat viele dieser Mittel selbst in seiner Geschichte eingesetzt, und weite Teile der heutigen christlichen Stammländer sind militärisch oder wirtschaftlich buchstäblich erobert worden. Da ist es an der Zeit, dass wir erklären, dass wir solche Methoden als unmoralisch und unchristlich verwerfen und dass sie mit Mission überhaupt nichts zu tun haben. Und wir wollen in unseren eigenen Reihen Selbstkritik ermöglichen. Als Christen wünschen wir uns überall Freiheit für friedliche und würdevolle Missionsarbeit, aber eben auch nur dafür.

Sollte uns nicht jedes Mittel recht sein, um Menschen für den Glauben an Gott zu gewinnen?

Eindeutig nein! Ethik und Mission gehören zusammen. Im Missionsbefehl in Matthäus 28,18-20 schickt uns Jesus nicht nur mit der frohen Botschaft in die ganze Welt, sondern auch, um alle seine Gebote zu lehren (»lehret sie alles halten, was ich euch geboten habe«). Das christliche Zeugnis ist kein ethikfreier Raum; es braucht eine ethische Grundlage, damit wir wirklich das tun, was Christus uns aufgetragen hat.

Wir Christen müssen heute deutlich sagen, welche Mittel der Mission Jesus uns untersagt hat! Das Motto der amerikanischen Teenager: WWJD (»What would Jesus do?«, »Was würde Jesus tun?«) muss uns gerade auch dann anleiten, wenn wir den Missionsbefehl Jesu ausführen. ...

Haben denn die bisherigen Treffen und Konferenzen schon eine Wirkung gezeigt?

Schon jetzt gibt es eine zunehmende internationale Diskussion, was unter der Religionsfreiheit unbedingt zu schützen ist und was einen Missbrauch der Religionsfreiheit darstellt. Die Washington Post diskutiert da ebenso mit wie führende indische Tageszeitungen. Viele Regierungen sind sehr daran interessiert, dass die Religionen selbst ihre Sicht formulieren und haben uns Mut gemacht, weiterzumachen. Gerade die Sicht der Kirchen spielt dabei für viele westliche Länder eine zentrale Rolle. Ich glaube, dass wie in anderen Menschenrechtsfragen durchaus ein wachsender internationaler Konsens möglich ist und wir auf gutem Weg dorthin sind.

Wie sollte denn Ihrer Meinung nach Mission aussehen, wenn sie ethisch vertretbar und christlich ist?
Grundsätzlich bedeutet Evangelisation, dem anderen friedlich den eigenen Glauben ungeheuchelt darzustellen und dabei Überzeugungskraft und Vorbild zu verbinden mit dem Respektieren der Würde des anderen. Menschen, die Christen werden, sollen wissen, was sie tun und warum sie es tun, sollen dies aus Überzeugung und nicht aus Berechnung tun, sollen Gelegenheit haben, ihre Entscheidung zu überdenken, und sollen es schließlich aus tiefstem Herzen im Vertrauen auf Gott und nicht uns zuliebe tun. Alle Formen der Evangelisation, die das bewusst umgehen wollen und für einen Übertritt die Verletzung der Menschenrechte des anderen in Kauf nehmen, sind aus meiner Sicht falsch, ob sie nun Gewalt, politischen oder wirtschaftlichen Druck oder Lüge und Manipulation benutzen.

Ist Mission nicht immer ein Stück weit Konfrontation? Besteht nicht die Gefahr, dass man der christlichen Mission ihren Kern nimmt, wenn sie möglichst »nett« und einwandfrei sein soll?
Selbstverständlich stellt Mission einen Anspruch, der oft auf Widerspruch stößt, aber es soll die Konfrontation des anderen mit Gott selbst und seiner Wahrheit bleiben, nicht mit mir. Petrus fordert uns in 1. Petrus 3,15-17 auf,

jedem, auch dem, der uns übel will, alle Fragen zu beantworten und die eigene »Hoffnung« klar zu verteidigen. Aber das soll eben gerade »in Sanftmut und Ehrerbietung« geschehen. Menschen, die anderen gegenüber nicht zu ihren Überzeugungen stehen, sind keine ernstzunehmenden Gesprächspartner, aber zwischen der Verbreitung der eigenen Überzeugung und dem gewaltsamen Ausbreiten der eigenen Überzeugung, die die Würde des anderen nicht respektiert, ist ein himmelweiter Unterschied.

Jesus sagt in Johannes 14,6: »Niemand kommt zum Vater denn durch mich«, weil er »der Weg, die Wahrheit und das Leben« ist. Darf man das in Zukunft noch sagen?
Ja, denn das ist die Grundlage des christlichen Glaubens, die etwa in Toulouse bei allen Konfessionen nie zur Diskussion stand. Aber gerade Jesus hat doch niemanden mit Gewalt, Drogen, Drohungen, Geldgeschenken oder der Unterstützung des Staates gezwungen oder über den Tisch gezogen, ihm zu folgen. Es gehört doch gerade zur christlichen Wahrheit in Jesus Christus, dass nur der ihr wirklich folgt, der »glaubt«, es also aus tiefstem Vertrauen auf Gott tut und nicht, weil er gezwungen oder manipuliert wurde. Eine ergaunerte Bekehrung ist eben keine wirkliche Bekehrung zu Gott!

Religionswechsel als Religionsfreiheit
Die klassische Definition der Religionsfreiheit steht in Artikel 18 der Allgemeinen Erklärung der Menschenrechte der Vereinten Nationen:

- Jedermann hat das Recht auf Gedanken-, Gewissens- und Religionsfreiheit.

- Dieses Recht umfasst die Freiheit, seine Religion oder seine Weltanschauung zu wechseln,
- sowie die Freiheit, seine Religion oder seine Weltanschauung allein oder in Gemeinschaft mit anderen öffentlich und privat durch Unterricht, Ausübung, Gottesdienst und Beobachtung religiöser Bräuche zu bekunden.

Was beinhaltet Religionsfreiheit demnach? Religionsfreiheit beinhaltet interessanterweise als Erstes das Recht, seine Religion und Weltanschauung wechseln zu dürfen! Das muss heute deutlich gesagt werden, da der Religionswechsel, den sich in der Regel ja keiner leicht macht, in der westlichen Öffentlichkeit oft als unnötiger Anlass für Schwierigkeiten angesehen wird. Doch Religionswechsel war die Urgestalt der Religionsfreiheit. Warum? Es war die Urerfahrung der Europäer und der Europäer, die nach Amerika ausgewandert sind, dass, wenn ein Katholik Protestant wurde, er im besten Falle sein Land verlassen musste und umgekehrt natürlich auch. Der innerchristliche Religionswechsel aus innerer Überzeugung ist die Urzelle, ist der Ursprung der Frage der Religionsfreiheit gewesen: Was mache ich, wenn ich aus innerlicher Überzeugung nicht mehr zu dem stehe, was mir »angeboren« ist und mir anerzogen wurde?

Ich habe das oft mit Journalisten oder anderen, die sich gegen Missionsarbeit wenden, diskutiert. Sie sagen etwa: »Man darf sich doch nicht wundern, dass es Ärger gibt, wenn im Iran Muslime Christen werden. Lasst die Iraner doch einfach in Frieden.« Es sind aber im Iran ja längst nicht mehr westliche Missionare, sondern Einheimische, die missionieren, und Einheimische, die aus welchen Gründen auch immer den Islam verlassen und Baha'i oder Christen werden. Wer will dort hinreisen und ihnen das verbieten? Zudem könnte man dann auch wieder in unser Strafgesetzbuch hineinschreiben: Wer aus der Kirche austritt, verliert seinen Arbeitsplatz und muss sonst mit bürgerlichen Konsequenzen rechnen. Das war früher nun einmal so. Religionszugehörigkeit und bürgerliche Existenz waren eng miteinander verquickt. Wer früher Zeuge Jehovas wurde, für den hatte das eine Menge negative bürgerliche Konsequenzen.

Religionsfreiheit in unserem Land bedeutet, dass wir glücklicherweise die Religionszugehörigkeit und den bürgerlichen Status mehr und mehr voneinander abgekoppelt haben und jemand heute auf dem Marktplatz stehen und irgendetwas Religiöses (oder Politisches) propagieren kann und der Arbeitgeber, der vorbeikommt, ihm deswegen nicht kündigen darf. Das nützt Christen wie Atheisten, Muslimen wie Anthroposophen, und genau dies ist die Urzelle der Frage der Religionsfreiheit gewesen.

Die Frage des Religionswechsels ist in der Allgemeinen Erklärung der Menschenrechte als Erstes festgeschrieben worden, und insofern ist die Frage, ob ein Iraner Baha'i oder Christ werden darf, eine ureigenste Frage der Religionsfreiheit. Wo Religionswechsel nicht möglich ist, gibt es keine Religionsfreiheit.[13]

In der Allgemeinen Erklärung der Menschenrechte steht des Weiteren, dass man nicht nur die Religion oder Weltanschauung wechseln darf, sondern dass man sie alleine und in Gemeinschaft mit anderen ausüben darf, und nicht zuletzt ist davon die Rede, dass man durch Unterricht und Gottesdienst die Religion verbreiten darf.

Der Gedanke, Religionsfreiheit wäre technisch durchführbar, indem jeder die Religion, mit der er aufgewachsen ist, behält und nicht mit Anhängern anderer Religionen spricht, ist völlig illusorisch. Im Übrigen wäre dies ein verordneter Religionszwang, den kein erwachsener Deutscher für sich akzeptieren würde.

Jede Religionsgemeinschaft braucht entweder Überzeugungen oder irgendeinen Druck und Zwang, um ihre Anhänger zu behalten. Jeder, der Kinder hat, weiß das. Entweder vermittelt man Überzeugungen, warum sie bei der eigenen Religion bleiben sollen, oder man hat irgendeinen gesellschaftlichen Druck aufgebaut, der dafür sorgt, dass sie nicht wechseln wollen oder können. Man kann das bei Stammesreligionen ebenso beobachten wie in hoch industrialisierten, säkularen Gesellschaften. Eine unabänderliche, stabile und einheitliche religiöse Kultur ist nur durch Zwang möglich. Wenn die nächste Generation keine Möglichkeit hat, eine eigene Entscheidung zu fällen, was sie glauben will, sondern bedroht wird, wenn sie aus der Reihe tanzt, sind eben die Menschenrechte außer Kraft gesetzt.

Lassen Sie mich der Vollständigkeit halber noch etwas anfügen, was oft vergessen wird: Gewalt und unangemessener Druck können nicht nur eingesetzt werden, um Menschen dazu zu bringen, eine Religion zu verlassen, sondern auch dazu, sie in ihr festzuhalten! Junge Menschen zu zwingen, z. B. in einer Naturreligion in einem brasilianischen Indianerstamm zu bleiben, ist genauso schlimm, wie sie zu zwingen, z. B. Christen zu werden. Man kann Menschenrechte auch dadurch verletzen, dass man Menschen daran hindert, zu einem anderen Glauben zu konvertieren.

Friedliche Mission als Religionsfreiheit

Friedliche Mission ist als Menschenrecht doppelt verankert. Das Menschenrecht auf Mission ergibt sich aus dem Recht auf freie Meinungsäußerung. Das ist im deutschen Grundgesetz ebenso verankert wie in der Erklärung der Menschenrechte der Vereinten Nationen von 1948. Mission ist nichts anderes als freie Meinungsäußerung. So wie Parteien, Umweltbewegungen, aber auch die Werbung und die Medien ihre Sicht der Dinge frei in einem Land veröffentlichen dürfen und versuchen, Menschen zu überzeugen, so gilt das auch für die Religionen.

In Deutschland gilt außerdem nach geltendem Recht ebenso wie im weltweiten Menschenrechtsstandard friedliche Missionsarbeit als ein Teil der Religionsfreiheit. Die Juristin Gabriele Martina Liegmann definiert das so: »Die religiöse Bekenntnisfreiheit betrifft primär die Kategorie des Redens und Verkündens von Glaubensinhalten, gewährleistet also das Recht die individuelle religiöse Überzeugung der Mitwelt kundzutun, sie überall in der Öffentlichkeit zu vertreten.« – »Von der Bekenntnisfreiheit umfasst wird insbesondere die Missionsfreiheit, mit der Komponente der Werbung für den eigenen Glauben und die Abwerbung von einem anderen Glauben.«[14]

So heißt es in der »Erklärung über die Beseitigung aller Formen der Intoleranz und Diskriminierung aufgrund von Religion und der Überzeugung« (Resolution 36/55 der Generalversammlung der Vereinten Nationen, 25.11.1981) in Artikel 7, Absatz d, dass die Religionsfreiheit das Recht umfasst, »auf diesen Gebieten einschlägige Publikationen zu verfassen, herauszugeben und zu verbreiten«.

Freie Religionsausübung bedeutet nicht nur, heimlich im stillen Kämmerlein zu beten, sondern auch, sich der breiten Öffentlichkeit mit seinem Glauben zu präsentieren und dafür zu werben. Gottfried Küenzlen schreibt dazu: Religionsfreiheit »ist eben nicht nur ›negative Religionsfreiheit‹, deren Kern darin besteht, dass kein Bürger zu einem religiösen Bekenntnis oder einer Mitgliedschaft in einer Religions- oder Weltanschauungsgemeinschaft gezwungen werden kann. Sie ist vielmehr auch eine ›positive Religionsfreiheit‹, wie dies in der verfassungsrechtlichen Literatur immer wieder unterstrichen wird. Die positive Religionsfreiheit besteht darin, gerade wegen des Religionsneutralitätsgebotes des Staates, ›den Staatsbürgern die Möglichkeit (zu erhalten), ihren religiös-weltanschaulichen Überzeugungen auch im öffentlichen Leben soweit wie möglich Geltung zu verschaffen‹. Der säkulare Staat verhält sich insofern zur Religion zwar neutral, aber nicht indifferent … Dazu ist festzuhalten, dass solche ›positive Religionsfreiheit‹ nicht nur ein Individualrecht bezeichnet, vielmehr auch – wie aus entsprechenden Entscheidungen des Bundesverfassungsgerichtes hervorgeht – korporative Geltung besitzt, sich also ausdrücklich auch auf die Religionsgemeinschaften und ihre öffentlichen

Wirkungsmöglichkeiten bezieht. Religionsfreiheit ist also das Recht zur öffentlichen Proklamation, zur gesellschaftlichen Aktion und zu ungehinderter Mission.«[15]

Wer gegen christliche Mission ist, muss zudem auch – da sind manche islamischen Länder durchaus konsequent – jeden christlichen Gottesdienst verbieten, denn jeder Gottesdienst ist nach christlichem Selbstverständnis eine Einladung, Gottes Gnade anzunehmen. Er müsste auch jede christliche Erziehung im Elternhaus und in Jugendzentren ablehnen – das wussten die russischen Kommunisten nur zu gut.

Zugegeben, es hat in der Geschichte auch sogenannte »Mission« als Begründung für Gewalt und Unterdrückung gegeben. Kreuzzüge und Kolonialismus fallen uns da ein, von christlicher wie von islamischer Seite. Aber hier ist nicht das Problem die öffentliche Propagierung der eigenen Anschauung, sondern die damit einhergehende Unterdrückung von Menschenrechten. Dann aber ist das Problem die Gewalt und der Begriff »Mission« sicher fehl am Platz.

Die entscheidende Frage wird in Zukunft nicht sein, ob wir alle Staaten und Religionen davon überzeugen können, ganz darauf zu verzichten, andere Menschen für ihre Religion zu gewinnen, also, ob es uns gelingt, im Sinne areligiöser Menschen ganz auf Mission zu verzichten – als würde der Atheismus nicht ebenso missionarisch weltweit verbreitet. Die Frage wird sein, ob wir alle Staaten und Religionen dafür gewinnen können, friedliche Missionsarbeit untereinander zu ermöglichen und dafür auf jeden gewaltmäßigen oder gesellschaftlichen Druck zu verzichten, oder ob die Ausbreitung und Sicherung der Religionen statt durch Mission durch Gewalt geschieht.

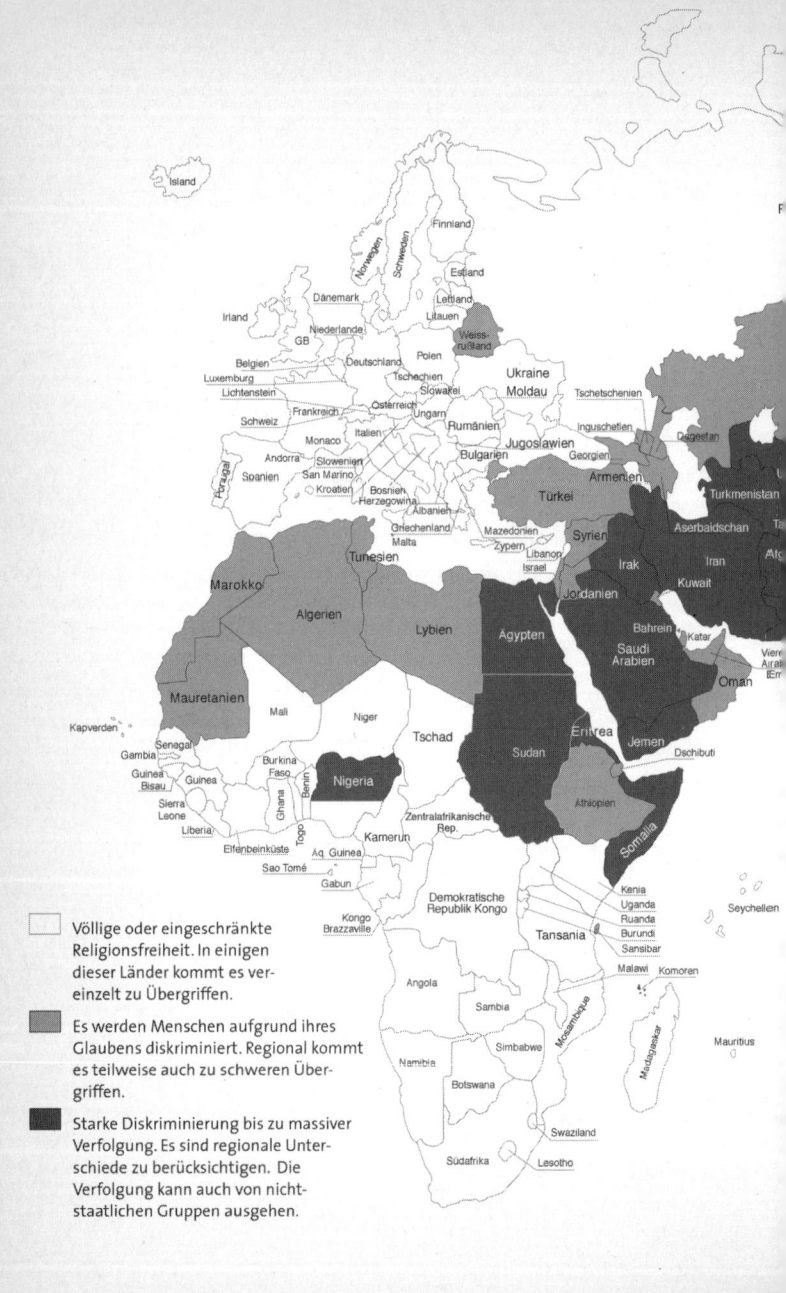

Island

Finnland

Norwegen
Schweden
Estland
Dänemark
Lettland
Litauen
Irland
Niederlande
Weiss-
GB
rußland
Belgien
Deutschland
Polen
Luxemburg
Tschechien
Lichtenstein
Slowakei
Ukraine
Tschetschenien
Schweiz
Frankreich
Österreich
Ungarn
Moldau
Inguschetien
Monaco
Italien
Rumänien
Dagestan
Andorra
Slowenien
Jugoslawien
Georgien
Spanien
San Marino
Bulgarien
Armenien
Turkmenistan
Kroatien
Bosnien
Türkei
Aserbaidschan
Ta
Herzegowina
Albanien
Griechenland
Mazedonien
Syrien
Iran
Af
Tunesien
Zypern
Libanon
Irak
Malta
Israel
Kuwait
Marokko
Jordanien
Bahrein
Katar
Algerien
Lybien
Ägypten
Saudi
Arabien
Vere
Arab
Oman
Em
Mauretanien
Mali
Niger
Eritrea
Jemen
Kapverden
Tschad
Dschibuti
Senegal
Sudan
Gambia
Burkina
Guinea
Faso
Nigeria
Bisau
Guinea
Äthiopien
Sierra
Ghana
Benin
Togo
Leone
Zentralafrikanische
Liberia
Rep.
Somalia
Elfenbeinküste
Kamerun
Sao Tomé
Äq. Guinea
Gabun
Kenia
Demokratische
Uganda
Republik Kongo
Ruanda
Seychellen
Kongo
Burundi
Brazzaville
Tansania
Sansibar
Malawi
Komoren
Angola
Sambia
Mauritius
Simbabwe
Mosambique
Madagaskar
Namibia
Botswana
Swaziland
Südafrika
Lesotho

Völlige oder eingeschränkte
Religionsfreiheit. In einigen
dieser Länder kommt es ver-
einzelt zu Übergriffen.

Es werden Menschen aufgrund ihres
Glaubens diskriminiert. Regional kommt
es teilweise auch zu schweren Übergriffen.

Starke Diskriminierung bis zu massiver
Verfolgung. Es sind regionale Unterschiede zu berücksichtigen. Die
Verfolgung kann auch von nichtstaatlichen Gruppen ausgehen.

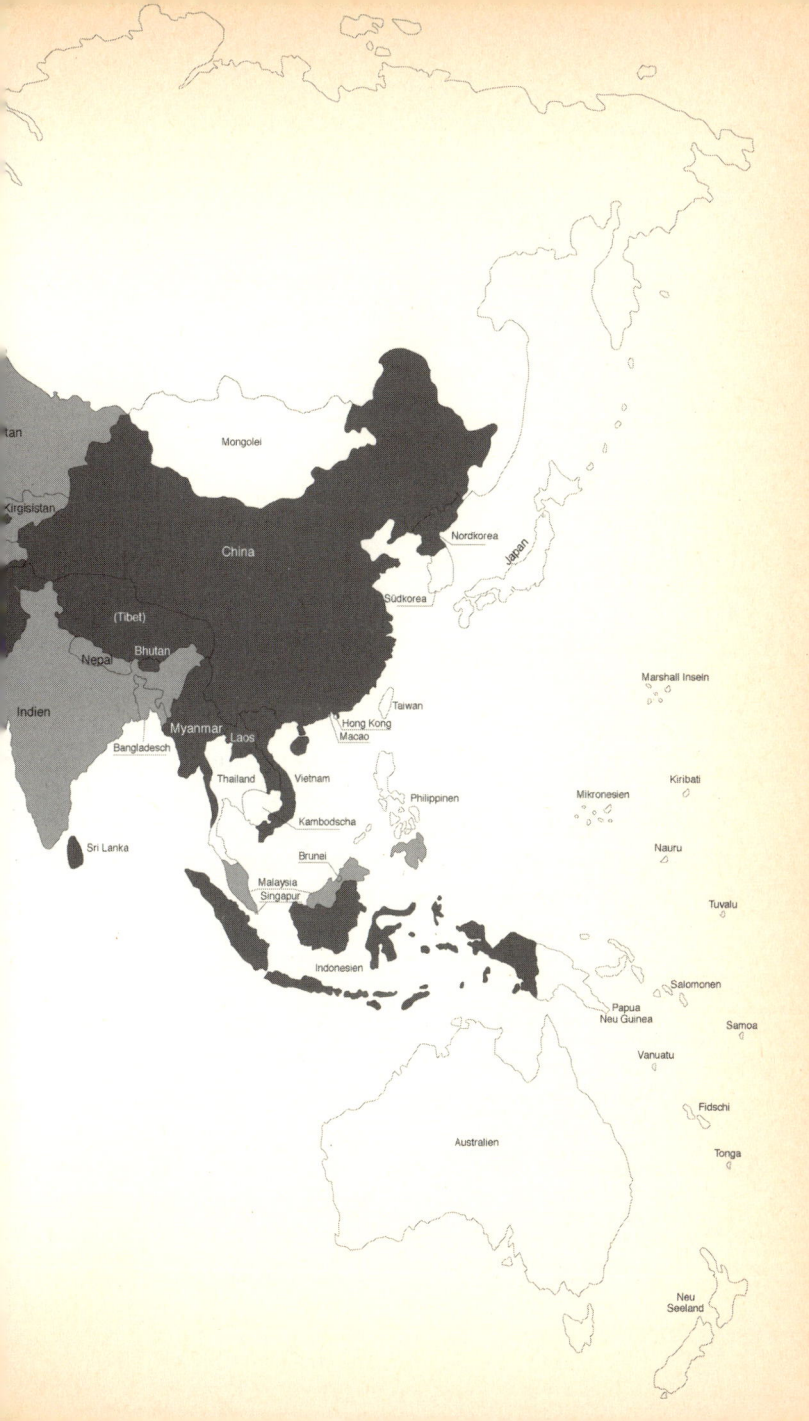

3. Weltkarte der IGFM

Weltkarte der IGFM: s. S. 52/53

Der Religionsfreiheitsexperte Max Klingberg von der »Internationalen Gesellschaft für Menschenrechte« (IGFM) schreibt
zur Weltkarte: »Wie kann Religionsfreiheit gemessen und sinn-
voll verglichen werden? Die staatlichen Gesetze haben mit
der staatlichen Praxis zum Teil nur wenig gemein. In anderen Ländern terrorisieren nichtstaatliche Gruppen christliche
Minderheiten. Wie kann man die Lage eines Armeniers im
Iran mit einem römisch-katholischen Vietnamesen verglei-
chen? In manchen Regionen herrscht in der Praxis weitgehend
Glaubensfreiheit, wenige hundert Kilometer entfernt schwere
Diskriminierung oder Verfolgung. In einer ganzen Reihe von
Ländern werden zudem die einheimischen Christen völlig anders behandelt als christliche Gäste und Touristen aus Europa.
Die vielfältigen regionalen und kulturellen Unterschiede sind
so komplex, dass sich die Situation von Christen nur schwer
kategorisieren lässt. Diskriminierung und Verfolgung von
Christen ist ein globales Problem. Die Weltkarte vermittelt
einen Eindruck davon. Große und bevölkerungsreiche Länder
wie die VR China und Indien sind dabei ebenso betroffen
wie der kleine Inselstaat der Komoren. Kommunistische Dik-
taturen, hinduistisch geprägte Staaten und weite Teile der
islamischen Welt diskriminieren religiöse Minderheiten – zum
Teil drastisch. Die kulturellen und gesellschaftlichen Unterschiede in den betroffenen Staaten sind enorm. Hinzu kommt,
dass in manchen Ländern Übergriffe nur teilweise oder auch
gar nicht vom Staat ausgehen, sondern von nichtstaatlichen
Extremisten oder Rebellengruppen. Der Grad der Diskriminierung oder Verfolgung kann daher nur grob und mit fließenden
Übergängen klassifiziert werden.«[16]

Übersicht über die Länder mit Verfolgung

Um den jährlichen *Weltverfolgungsindex* zu ermitteln, benutzt das international für verfolgte Christen tätige Hilfswerk *Open Doors* einen eigens hierfür erstellten Fragebogen, bestehend aus 50 Fragen. Die Antworten werden mit einer bestimmten Punktzahl bewertet. Die Gesamtsumme der Punkte für ein Land ergibt dessen Position im Weltverfolgungsindex. Unter anderem werden auch die beiden wichtigsten Analyse- und Pressedienste, *Compass Direct* und die Analysen von Elisabeth Kendall für das »Internationale Institut für Religionsfreiheit«, ausgewertet.

Unterschieden wird dabei zum Beispiel zwischen ...

... *dem rechtlichen und offiziellen Status von Christen*
- Ist Religionsfreiheit in der Verfassung und/oder den Landesgesetzen verankert?
- Haben die Bürger das gesetzliche Recht, zum Christentum zu konvertieren?

... *der tatsächlichen Situation der im Land lebenden Christen*
- Werden Christen wegen ihres Glaubens getötet?
- Werden Christen wegen ihres Glaubens zu Gefängnis- oder Arbeitslagerstrafen verurteilt bzw. in die Psychiatrie eingewiesen?

... *der Freiheit und den Einschränkungen der Kirche in der Gesellschaft*
- Dürfen Christen christliche Literatur drucken und verbreiten?

	Ländername	Januar 2008	Januar 2007	Trend	Veränderung
1.	Nordkorea	90,5	85,0	-	0,0
2.	Saudi-Arabien	64,5	66,5	0	6,0
3.	Iran	64,0	65,5	0	0,0
4.	Malediven	61,0	62,0	0	2,0
5.	Bhutan	58,0	57,5	0	0,0
6.	Jemen	57,5	59,5	0	0,0
7.	Afghanistan	57,5	55,0	0	2,0
8.	Laos	56,5	55,0	0	0,0
9.	Usbekistan	55,0	55,0	0	0,0
10.	China	55,0	54,0	0	0,0
11.	Eritrea	55,0	53,0	0	9,5
12.	Somalia	54,5	63,0	+	7,0
13.	Turkmenistan	54,0	52,5	0	0,0
14.	Komoren	50,0	52,0	0	5,0
15.	Pakistan	48,0	45,5	-	0,0
16.	Katar	47,5	40,0	0	0,0
17.	Vietnam	46,0	57,0	+	0,0
18.	Tschetschenien	46,0	47,0	0	1,5
19.	Ägypten	46,0	45,0	0	0,0
20.	Sansibar	43,0	-	0	10,0
21.	Irak	42,5	42,5	0	0,0
22.	Aserbaidschan	42,5	42,5	0	0,0
23.	Libyen	42,5	39,0	-	1,5
24.	Mauretanien	42,5	35,5	-	0,0
25.	Burma (Myanmar)	42,0	44,5	+	0,0

	Ländername	Januar 2008	Januar 2007	Trend	Verän-derung
26.	Sudan (Nord)	41,5	43,5	0	0,0
27.	Oman	41,0	33,5	0	6,0
28.	Kuba	40,0	41,0	0	0,0
29.	Brunei	39,0	41,0	0	1,5
30.	Indien	37,5	36,5	0	0,0
31.	Algerien	37,5	35,5	0	3,0
32.	Nigeria (Nord)	37,0	38,0	0	0,0
33.	Dschibuti	36,0	37,0	0	0,0
34.	Türkei	36,0	34,0	0	0,0
35.	Kuwait	36,0	29,0	0	0,0
36.	Sri Lanka	35,5	35,5	0	0,0
37.	Tadschikistan	34,5	34,0	0	0,0
38.	Vereinigte Arabische Emirate	34,0	30,5	0	8,0
39.	Jordanien	34,0	27,5	-	0,0
40.	Marokko	33,0	34,5	0	1,5
41.	Weißrussland	30,0	27,0	-	5,0
42.	Palästinensergebiete	29,5	20,0	-	7,0
43.	Äthiopien	28,0	32,0	+	0,0
44.	Syrien	27,5	26,5	0	0,0
45.	Bahrain	27,5	22,5	0	1,5
46.	Tunesien	26,5	26,0	0	0,0
47.	Indonesien	26,0	27,0	0	0,0
48.	Bangladesch	26,0	26,5	0	0,0
49.	Kenia (Nord-Ost)	26,0	24,5	0	0,0
50.	Kolumbien (Konfliktgebiete)	23,5	27,0	+	0,0

Legende 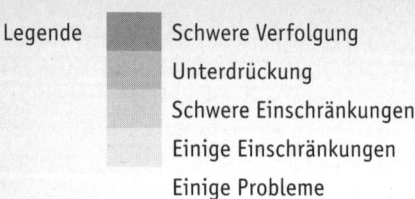 Schwere Verfolgung

Unterdrückung

Schwere Einschränkungen

Einige Einschränkungen

Einige Probleme

- Werden christliche Veröffentlichungen in diesem Land zensiert/verboten?

... den Faktoren, die die Religionsfreiheit in einem Land untergraben können
- Werden Versammlungsorte von Christen oder deren Häuser aus antichristlichen Motiven angegriffen?

Die Spalte *Abweichung* zeigt an, wie sicher eine Information über ein Land ist. Manchmal sind die Angaben unbestätigt oder unvollständig. Dann ist die Abweichung höher. Wenn eine vollständige und sichere Information nicht erhältlich ist, bekommen einige Länder weniger Punkte, selbst wenn der tatsächliche Grad der Verfolgung wahrscheinlich höher liegt.

Im Folgenden sollen kurz die Länder auf den zehn Spitzenplätzen des Weltverfolgungsindexes mit den Worten von *Open Doors* vorgestellt werden.[17]

In sechs der ersten zehn Länder des Index ist der **Islam** die Religion der Mehrheitsbevölkerung bzw. Staatsreligion: in Saudi-Arabien, dem Iran, in Somalia, auf den Malediven, im Jemen und in Afghanistan. Drei Länder haben **kommunistische Regierungen**: Nordkorea, Vietnam und Laos. Bhutan ist das einzige **buddhistisch** geprägte Land unter den Spitzenreitern des diesjährigen Weltverfolgungsindexes.

Platz 1: Nordkorea
Das fünfte Jahr in Folge führt Nordkorea den Weltverfolgungsindex an als das Land, in dem die religiösen Rechte

von Christen am schwersten verletzt werden. Verletzungen der Menschenrechte, einschließlich vieler Rechtsbrüche auf religiösem Gebiet, sind im kommunistischen Nordkorea an der Tagesordnung. Das Christentum wird weiterhin als gefährlicher ausländischer Einfluss betrachtet, der den Anstoß für den Zusammenbruch kommunistischer Regimes in Osteuropa und der ehemaligen Sowjetunion gegeben hat und deshalb eine der größten Bedrohungen für die Macht des Regimes darstellt. Infolgedessen bemühen sich die nordkoreanischen Behörden sehr stark, das Christentum auszurotten. Zwischen 50 000 und 70 000 Menschen leiden gegenwärtig in Gefängnislagern. Viele von ihnen werden gefoltert. Beim Versuch, nach China zu flüchten, setzen Nordkoreaner ihr Leben aufs Spiel.

Platz 2: Saudi-Arabien
Religionsfreiheit existiert nicht in dem wahhabitischen König-reich, in dem es den Bürgern nur gestattet ist, einer einzigen Religion anzugehören: dem Islam. Der Schutz der Religions-freiheit ist weder gesetzlich vorgesehen noch existiert er in der Praxis. Das Rechtssystem basiert auf dem islamischen Recht, der Scharia. Apostasie, der Übertritt zu einer anderen Religion, ist mit dem Tode zu bestrafen. Die Regierung erkennt zwar das Recht von Nichtmuslimen auf private Gottesdienste an, doch ist es Nichtmuslimen verboten, ihre Gottesdienste öffentlich zu feiern. Die Gesamtzahl der 2006 und 2007 ver-hafteten Christen war geringer als im Jahr 2005 (damals wur-den 70 ausländische Christen verhaftet). Dennoch wurden vier ostafrikanische Christen im zweiten Quartal des Jahres 2006 drangsaliert und verhaftet, als sie sich zum Gottesdienst versammelten. Nach einer Haftstrafe von einem Monat unter folterähnlichen Bedingungen wurden die Christen in ihre Hei-matländer abgeschoben.

Platz 3: Iran

Der Islam ist im Iran Staatsreligion. Alle Gesetze und Vorschriften müssen der offiziellen Interpretation der Scharia entsprechen. Auf die Wahl des konservativen Hardliners Mahmud Ahmadinedschad zum Präsidenten im Juni 2005 folgte eine neue Welle der Christenverfolgung. Präsident Ahmadinedschad bejubelte seinen Wahlsieg als neue islamische Revolution, die sich weltweit verbreiten könnte, und versprach feierlich die Wiederherstellung einer »islamischen Regierung« im Iran. Verschiedene einheimische christliche Gruppen, die zum Beispiel christliche Literatur anbieten, um ihren Glauben unter der mehrheitlich schiitischen Muslim-Bevölkerung zu bezeugen, wurden im vergangenen Jahr zur Zielscheibe von Sicherheitsbehörden. Mindestens acht Zwischenfälle wurden bekannt, in denen zum Christentum konvertierte Muslime verhaftet wurden. In den meisten Fällen waren sie gezwungen, hohe Kautionen zu hinterlegen, und wurden darüber informiert, dass ihr Fall wegen einer möglichen Strafverfolgung nicht abgeschlossen sei.

Platz 4: Malediven

Im Inselstaat der Malediven ist der Islam die Staatsreligion, und alle Bürger müssen Muslime sein. Es gilt die Scharia, das islamische Recht, die den Übertritt vom Islam zu einer anderen Religion verbietet. Ein Konvertit kann demnach bei einem Religionswechsel sein Bürgerrecht verlieren. Es ist verboten, eine andere Religion als den Islam zu praktizieren, der als wichtiges Instrument für die nationale Einheit und den Machterhalt der Regierung gilt. Christen ist es somit unmöglich, eine Kirche zu eröffnen oder eine Gemeinde zu gründen, obwohl Ausländer ihren Glauben im privaten Kreis praktizieren dürfen, wenn sie keine einheimischen Bürger zur Teilnahme einladen. Die Bibel und andere christliche Materialien dürfen nicht eingeführt werden, abgesehen von einem Exemplar für den Eigenbedarf von Ausländern. Auf den Malediven gibt es nur eine Handvoll einheimischer Christen. Sie leben ihren Glauben absolut im Geheimen.

Platz 5: Bhutan

Im Himalaya-Königreich Bhutan ist der Mahayana-Buddhismus Staatsreligion. Offiziell existiert der christliche Glaube nicht. Christen ist es nicht gestattet, in der Öffentlichkeit zu beten oder zu feiern. Die Regierung verbietet auch Versammlungen in christlichen Häusern, an denen mehrere Familien beteiligt sind. Einreisevisa für Priester oder kirchliche Mitarbeiter werden verweigert. Christen werden diverse Bürgerrechte abgesprochen, so haben sie z. B. kein Recht auf Bildung für die Kinder, auf Arbeitsplätze in Ämtern oder Regierungsposten oder auf private Geschäftsgründungen. Die Einfuhr gedruckten religiösen Materials ist eingeschränkt. Im Land sind nur buddhistische Texte erlaubt. Die Gesellschaft übt einen starken Druck aus, buddhistischen Normen zu entsprechen. Drangsalierung und Repressionen durch buddhistische Eiferer, besonders in buddhistischen Hochburgen, bereiten den Christen die meisten Sorgen. Die Gläubigen werden nicht nur von Behörden unter Druck gesetzt, sondern auch von buddhistischen Geistlichen und erleben gewalttätige Übergriffe.

Platz 6: Jemen

Die jemenitische Verfassung garantiert Religionsfreiheit, erklärt aber auch, dass der Islam die Staatsreligion und die Scharia die Quelle jeglicher Gesetzgebung sei. Die jemenitische Regierung gestattet Ausländern etwas Freiheit beim Praktizieren ihres Glaubens, doch jemenitische Bürger dürfen nicht zum Christentum konvertieren. Es gibt eine Handvoll Christen mit islamischem Hintergrund, denen die Todesstrafe droht, falls sie entdeckt werden. Im vergangenen Jahr wurden einige Konvertiten verhaftet und misshandelt, nachdem ihr Religionswechsel bekannt wurde. Mindestens einer wurde unter Druck gesetzt, seinem christlichen Glauben abzusagen. Er weigerte sich standhaft.

Platz 7: Afghanistan

Afghanistan ist eine islamische Republik ohne Kirche und mit einem christlichen Bevölkerungsanteil von ca. 0,01 Prozent. Nach der Herrschaft muslimischer Fundamentalisten wird das Land jetzt von einer Koalitionsregierung geführt. Es gibt noch viel Anarchie, und die Zentralregierung kontrolliert nicht das gesamte Land. Obwohl in der nationalen Verfassung Religionsfreiheit garantiert wird, durchdringt der Islam alle Aspekte der Gesellschaft, und die Gesetze der Scharia sind mehr oder weniger in Kraft. Denn als Recht des Landes wird das islamische Recht gefördert. Obwohl Nichtmuslimen Religionsfreiheit garantiert wird, sind nach derselben Verfassung solche Gesetze verboten, die »im Widerspruch zu den Überzeugungen und Vorschriften der heiligen Religion des Islam stehen.« Christen müssen deshalb sehr vorsichtig sein. Werden ausländische Christen bei der Weitergabe der christlichen Botschaft entdeckt, werden sie verhaftet und gewöhnlich des Landes verwiesen. Konvertiten können mit dem Tode bestraft werden, wenngleich das in letzter Zeit noch nicht vorgekommen ist. Sie werden oft von ihrer Familie und Gesellschaft gedrängt, die kulturellen Normen des Islam zu befolgen. Konvertiten werden immer wieder beschimpft und eingeschüchtert, verprügelt oder verlieren ihren Arbeitsplatz. Die Verhaftung des deutschen Asylanten Abdul Rahman im März 2006 demonstrierte, mit welchen Folgen ein Christ rechnen muss, wenn er der Apostasie (Abfall vom Islam) beschuldigt wird.

Platz 8: Laos

Zusammen mit Kuba, Nordkorea, Vietnam und China gehört Laos zu den letzten verbliebenen kommunistischen Ländern der Welt. Die Verfassung von Laos sieht Religionsfreiheit zwar vor, doch Gesetzlosigkeit und das Fehlen spezieller Vorschriften für religiöse Angelegenheiten erlauben es örtlichen Beamten, die Verfassungsbestimmungen nach eigenem Gutdünken zu interpretieren und umzusetzen. Die laotischen Behörden erlauben nur eine begrenzte Präsenz des Christentums und überwachen die Gläubigen scharf. Das Regime limitiert die Zahl offener Kirchen und schließt diese regelmäßig, besonders auf dem Lande. Zu den größten Herausforderungen für die Kirche in Laos gehört der gesellschaftliche Druck auf Konvertiten, die der Verehrung böser Geister (Dämonen) eine Absage erteilen. So werden Christen von der Bevölkerung kontrolliert und zudem staatlich überwacht. Trotzdem gibt es noch viele nichtregistrierte christliche Aktivitäten, und die Kirche scheint trotz der Verfolgung zu wachsen. In diesem Jahr erreichten *Open Doors* keine Meldungen über Christen, die aufgrund ihrer Überzeugung getötet wurden. Laos hält noch etwa zehn Christen wegen ihres Glaubens in Haft. Positiv aber ist, dass die katholische Kirche zum ersten Mal nach 30 Jahren wieder einen Priester ordinieren durfte.

Platz 9: Usbekistan

Im Jahr 2007 setzten sich Restriktionen und Verfolgung von Christen in Usbekistan fort. Die Regierung erließ Gesetze, die Aktivitäten wie die Evangelisation, die Einfuhr und Verbreitung religiöser Literatur sowie das Angebot theologischer Schulung und Unterweisung verbieten. Das Gesetz verbietet, mehr als ein Exemplar eines christlichen Buches zu besitzen – die Bibel eingeschlossen. Um arbeiten zu können, müssen Gemeinden eine Registrierung erlangen, was fast unmöglich ist. Da es nur wenige registrierte Gemeinden gibt, müssen sich viele Christen heimlich in Privatwohnungen treffen. Dabei setzen sie sich dem Risiko aus, wegen illegaler religiöser Aktivitäten verhaftet zu werden. Polizeiliche Hausdurchsuchungen sind an der Tagesordnung und führen oft zu Festnahmen, bei denen Christen geschlagen und sogar gefoltert werden.

Usbekische Christen werden besonders bedrängt, sich zum Islam zurückzubekehren. In Fernsehsendungen wurden Christen negativ dargestellt, was zu einem erhöhten Druck auf Christen führte – besonders durch Verwandte und örtliche Beamte. In abgelegenen Landesteilen treffen Christen mit islamischem Hintergrund auch auf den Widerstand fundamentalistischer Muslime und werden unter Druck gesetzt, zum Islam zurückzukehren. Der Pastor einer Gemeinde in Andischan wurde im März 2007 zu vier Jahren Arbeitslager verurteilt.

Platz 10: China

Hier möchte ich mit meiner eigenen Darstellung fortfahren:

Diese große und alte Nation hat nach fast zwei Jahrhunderten des Niedergangs und der Demütigung durch westliche Mächte und Japan seinen bedeutenden Platz in der Welt wieder eingenommen. Seit der endgültigen Eroberung Festlandchinas im Jahr 1949 hat die kommunistische Partei die Nation nach marxistischem Muster umgebaut. Die Kulturrevolution Mao Tsetungs (1966–1976) führte zu unvorstellbarem Leid und wirtschaftlichem Chaos. Intellektuelle und an eine Religion Glaubende wurden grausam verfolgt. Man schätzt, dass dabei 20 Mio. Chinesen ihr Leben ließen. Nach dem Tod Maos 1976 leitete eine pragmatischer ausgerichtete Führung eine Serie wirtschaftlicher, politischer und kultureller Reformen in Richtung eines gelenkten Kapitalismus ein. Die »antiterroristischen« Bestimmungen des Strafgesetzbuches und die neuen Bestimmungen für »Religious Affairs« von 2005 führten zu langen Haftstrafen von Führern von Falun Gong, uigurischen Muslimen, Katholiken und Protestanten. Es gibt eine strikte Kontrolle des Internets in Fragen der Religion und allgemein. Dazu wurden eigene Programme entwickelt und derzeit sind 30 000 Internetpolizisten aktiv.

In den 50er Jahren organisierte die Regierung die Infiltration, Unterwanderung und Kontrolle des gesamten organisierten Christentums. Seit 1958 geschah dies durch die

Dreiselbstbewegung unter den Protestanten und die Katholische Patriotische Vereinigung unter den Katholiken. Während der Kulturrevolution waren sogar solche kommunistischen Frontorganisationen verboten. 1978 wurden die Einschränkungen erleichtert und die beiden Bewegungen als Werkzeug der Regierungskontrolle wieder zum Leben erweckt, um die Tausenden von Hauskirchen unter Kontrolle zu bringen, was nur teilweise gelang. Die registrierten Kirchen haben dagegen erstaunlicherweise große Freiheiten und sind ebenfalls überwiegend evangelikal oder konservativ. In China sind mehr Christen im Gefängnis als in jedem anderen Land der Erde. Für ein Jahr listet ein neuer Bericht 2000 verhaftete Leiter von Hauskirchen auf. Der katholische Bischof James Su Zhimin ist z. B. bereits insgesamt 28 Jahre inhaftiert gewesen. Hauskirchenleiter werden nicht nur inhaftiert, sondern wiederholt bis zum Koma und manchmal sogar zum Tod gefoltert. Ein Bericht über die Lage der Hauskirchen im Jahr 2007 stellt eine Steigerung der Verfolgung fest. In 18 von 23 Provinzen fanden 60 Einzel- oder Gruppenverhaftungen statt. 2000 namentlich bekannte Hauskirchenleiter sind inhaftiert. Dazu wurden 100 ausländische Christen verhaftet und überwiegend des Landes verwiesen, nur ein Teil davon waren Missionare. Dies ist die höchste Zahl, seit Ausländer wieder ins Land dürfen. Jede Form von Kinderarbeit ist Christen in China streng verboten, was Religionsunterricht und Taufe einschließt. Eltern werden immer wieder deswegen verhaftet.[18]

II. Theologische Aspekte

Christenverfolgung in allen Jahrhunderten

Christenverfolgung und Martyrium sind kein reines Thema der frühen Kirche, sondern ein ständiger Begleiter der Kirchengeschichte. Christenverfolgungen und Martyrien gab es in jedem Jahrhundert.

In vielen theologischen Veröffentlichungen wird so getan, als wäre Verfolgung nur ein Thema der alten Kirche gewesen. Mit Konstantin brechen viele historische Überblicke ab. Damit wird nicht nur die massive Verfolgung im 20. Jahrhundert übergangen und bagatellisiert, von der Charles W. Colson zu Recht schreibt: »Tatsächlich sind im 20. Jahrhundert mehr Christen für ihren Glauben zu Märtyrern geworden als in den vorangegangenen 19 Jahrhunderten zusammen.«[19] Vielmehr wird damit auch übersehen, dass Verfolgung und Martyrium die gesamte Kirchen- und Missionsgeschichte begleitet[20] haben, denn: »Die Geschichte der Kirche ist auch die Geschichte ihrer Verfolgung.«[21]

Man müsste schweigen von den Verfolgungen der Religionskriege und -streitigkeiten, von den Folgen der Französischen Revolution, vom Schicksal der Christen in der islamischen Welt ebenso wie über die Massenmartyrien in Asien, namentlich in Japan (bes. 1587–1635), China (bes. 1617, 1665, 1723, 1724, 1736, 1811, 1857, 1900–1901) und Korea (bes. 1784, 1791, 1801, 1815, 1827, 1839, 1846, 1866, 1881, 1887), um nur einige Beispiele zu nennen. Das Christentum war in manchen Ländern schon vor dem 20. Jahrhundert verboten und unterdrückt (z. B. Japan 1635–1854, Madagaskar ab 1835, andauernd z. B. in Saudi-Arabien).

»Wenn einer leidet ... leiden alle mit«

Weite Teile der Christenheit heute, insbesondere auch der evangelikalen Christenheit, leben nicht in einer Situation des Wohlstands, des Friedens und der Rechtssicherheit, sondern in einer Verfolgungssituation und verstehen deswegen das Alte wie das Neue Testament viel besser und realer als die westliche Christenheit.[22]

»Das Martyrium der Kirche Christi hat in unserem Jahrhundert einen neuen Höhepunkt gefunden«[23], und die Kirchen des Westens haben einen großen Nachholbedarf an einer Theologie des Martyriums. Deswegen lohnt es sich für Christen in der westlichen Welt, von Christen aus solchen Ländern und Situationen zu lernen, sei es persönlich, sei es durch deren Schriften.

»Das Martyrium ruft nach Bewährung der Solidarität in der Kirche Christi.«[24] Diese Solidarität sieht das Neue Testament nicht als Möglichkeit, sondern als selbstverständliches Gebot der Liebe Christi: »Denkt an die Gefangenen, als wärt ihr Mitgefangene, und an die Misshandelten, weil ihr auch noch im Leibe lebt« (Hebräer 13,3).

Ein Christ leidet nie allein, sondern immer als Teil des Leibes Christi: »Und wenn ein Glied leidet, so leiden alle Glieder mit« (1. Korinther 12,26). Deswegen fordert Paulus Timotheus auf: »Nimm teil an den Leiden als ein guter Streiter Christi Jesu« (2. Timotheus 2,3). Und den Philippern schreibt er zwar: »Alles vermag ich durch den, der mich stärkt« (Philipper 4,13), fügt aber gleich hinzu: »Doch habt ihr gut daran getan, dass ihr an meiner Bedrängnis teilgenommen habt« (4,14). Und den Ephesern gegenüber geht Paulus davon aus, dass er für sie mitleidet und dass seine Leiden ihre Ehre sind: »Deshalb bitte ich, nicht mutlos zu werden durch meine Drangsale für euch, die eure Ehre sind« (Epheser 3,13).

Wir dürfen deswegen nicht satt und selbstzufrieden die Augen vor dem Leid anderer Christen verschließen. Das setzt natürlich auch eine funktionierende Kommunikation des weltweiten Leibes Christi voraus. Deswegen sind Missionsgesellschaften, Menschenrechtsorganisationen, internationale Kirchenkontakte, persönliche Bekanntschaften mit Christen anderer Länder und internationale ökumenische Strukturen unverzichtbar. »Eine Kirche, die ihre Märtyrer im Stich lässt, die weder für sie betet noch furchtlos für sie eintritt und sich um sie sorgt, zerstört damit nicht nur die geistliche Gemeinschaft unter allen Gliedern des Leibes Christi. Sie verrät schließlich Christus selber, das Haupt seines Leibes, der mit seinen Gliedern leidet.«[25]

An erster Stelle des Mitleidens steht im Neuen Testament das Gebet. »Die Fürbitte der Gemeinde hilft, die am Leben verzagten und über ihre Kraft belasteten Glaubensboten aus Todesnot zu retten« (2. Korinther 1,8-11; vgl. Philipper 1,19).[26]

Dazu gehört dann aber auch das praktische Mitleiden, wie es der Hebräerbrief deutlich macht: »Gedenkt aber der früheren Tage, in denen ihr, nachdem ihr erleuchtet worden wart, viel Leidenskampf erduldet habt, als ihr teils durch Schmähungen und Drangsale zur Schau gestellt und teils Gefährten derer wurdet, denen es so erging. Denn ihr habt mit den Gefangenen gelitten und den Raub eurer Güter mit Freuden erduldet, weil ihr wisst, dass ihr eine bessere und bleibende Habe besitzt« (Hebräer 10,32-34; lies bis 39). Es ist hochinteressant, dass der Schreiber des Hebräerbriefes hier den Leidenskampf auf doppelte Weise gegeben sieht: Die einen leiden direkt, die anderen leiden mit (siehe das »teils« ... »teils«). Die einen werden verfolgt, die anderen werden ihre »Gefährten«. Die einen verlieren ihren Besitz, die anderen haben »mit den Gefangenen gelitten«. Wir Christen sollen von dem Leiden anderer unmittelbar und persönlich betroffen sein!

Auch der konkrete gesellschaftliche und politische Einsatz für die Verfolgten ist vom biblischen Gebot abgedeckt. Sprüche 24,11 gebietet: »Rette die, die zum Tode geschleppt werden«, und Sprüche 31,8 fügt hinzu: »Öffne deinen Mund für den Stummen, für den Rechtsanspruch aller Schwachen!«

Der Einsatz für die Märtyrer sagt etwas über den Zustand des Leibes Christi aus. »Wie Kirche als ganze mit dem Martyrium umgeht, ob sie als Einheit davon betroffen, leidend mit den Leidenden (1. Korinther 12,26) oder davon unberührt bleibt, offenbart den Stand der kirchlichen Gemeinschaftlichkeit.«[27]

Deswegen dürfen auch Christen, die in Ländern leben, in denen Religionsfreiheit herrscht, sich nicht beruhigt zurücklehnen, sondern müssen für ihre Glaubensgeschwister eintreten. Auch bei uns herrscht nur Religionsfreiheit, weil Menschen – nicht nur Christen – mit persönlichem Einsatz dafür gestritten haben. Unser Einsatz wird einmal von Gott belohnt werden, aber er hat auch in dieser Welt schon häufig konkreten Erfolg.

Durch das Vorbild des Paulus in der Gefangenschaft, die »zur Förderung des Evangeliums ausgeschlagen ist« (Philipper 1,12), haben in Philippi »die meisten der Geschwister Vertrauen im Herrn gewonnen durch meine Fesseln, und wagen [jetzt] viel mehr, das Wort Gottes ohne Furcht zu verkündigen« (1,14).

Wenn sich der Leib Christi zum Gottesdienst versammelt, sollte er sich auch an die erinnern, die um Christi willen leiden und gelitten haben. Dazu dient auch im evangelischen Bereich das Gedenken an die Märtyrer, weswegen es bereits in der Reformationszeit und bis in die Gegenwart evangelische Märtyrerkalender gibt, die die liturgische Erinnerung an Blutzeugen der Vergangenheit lebendig halten.[28]

Protestanten ist eine direkte Verehrung der Märtyrer, wie sie in den ersten Jahrhunderten entstand[29] und in den orthodoxen und katholischen Kirchen üblich ist – und die Erinnerung an Christenverfolgung wach hält –, nicht möglich. Die Alternative dazu darf jedoch nicht sein, sich nicht an Märtyrer zu erinnern, sondern, wie es gerade Martin Luther selbst immer wieder betont hat, ihnen einen großen Raum unter den Vorbildern des Glaubens einzuräumen[30] und in allen Arbeitszweigen der Gemeinde, etwa auch im Konfirmandenunterricht, Lebensbilder von Märtyrern zu vermitteln. Philipp Melanchthon hat in der

Apologie des Augsburgischen Bekenntnisses drei Aufgaben der Erinnerung an die Märtyrer und andere Heilige genannt: 1. Wir sollen Gott für das Exempel seiner Gnade danken; 2. wir sollen durch ihr Vorbild unseren eigenen Glauben stärken; 3. wir sollen dem Vorbild ihres Glaubens, ihrer Liebe und ihrer Geduld nachfolgen.

Bibel – Jesus – Märtyrer

Große Teile der Bibel sind ohne den Hintergrund früherer oder kommender Martyrien gar nicht zu verstehen. Otto Michel schreibt etwa zum Neuen Testament: »Märtyrersprache, Märtyreranschauung und Märtyrergeschichte sind ein integrierender Bestandteil der urchristlichen Überlieferung, der in sämtlichen urchristlichen Schriften wiederkehrt. Keine urchristliche Schrift ist von ihm unberührt geblieben.«[31]

Nur drei Bücher des Neuen Testaments erwähnen Verfolgung nicht. Vier Bücher wurden speziell geschrieben, um Christen in der Verfolgung zu ermutigen: der Hebräerbrief, der 1. Petrusbrief, der 1. Timotheusbrief und die Offenbarung des Johannes. In der Apostelgeschichte kommt die Christenverfolgung nur in zwei Kapiteln nicht vor. Verfolgung war eines der Hauptthemen von Jesus, von Paulus, Petrus und Johannes. Und die gesamte paulinische Missionspraxis und Theologie ist von der Verfolgungsthematik durchdrungen.

Jesus ist das Urbild des Märtyrers. »Das junge Christentum hat das Werk Christi mit den Kategorien der Märtyrertheologie verdeutlicht und hat das Schicksal der Märtyrer vom Schicksal des Christus her verstanden.«[32] Ein Brief der Gemeinden von Vienne und Lyon aus dem Jahr 177 n. Chr. nennt Jesus deswegen »Christus, der treue und wahre Märtyrer«. Schon die Ankündigung des Martyriums durchzieht das gesamte Wirken Jesu (z. B. im Matthäusevangelium: 16,21; 17,22-23; 20,17-19; 26,2). Die Passionsgeschichte selbst nimmt den größten Raum in allen vier Evangelien ein und schildert im Detail den Verrat durch Judas, die falschen Anschuldigungen, unrechtmäßigen

Prozesse, Folterung und qualvolle Tötung durch die Führer des Volkes Israel und des heidnischen Staates. Paulus hat immer wieder Jesus Christus als Märtyrer und als Vorbild für alle Christen beschrieben. Die Märtyrerakten der frühen Kirche halten deswegen Jesus für den Märtyrer schlechthin, den kein Märtyrer überbieten kann.

Alle Verfolgung gilt eigentlich Jesus, weswegen Jesus Paulus bei seiner Bekehrung fragt: »Warum verfolgst du mich?« (Apostelgeschichte 9,4; 22,7; 26,14) und auf die Rückfrage von Paulus klarstellt: »Ich bin Jesus, den du verfolgst« (Apostelgeschichte 9,5; 22,8; 26,15).

Eigentlicher Anlass des Leidens der Christen ist Christus. Christus ist der eigentliche Auslöser des Widerspruchs. »Je klarer die Gemeinde von Christus weiß und zeugt, um so gewisser wird sie mit dem Gegensatz, Widerspruch und Hass des Antichrist zu rechnen haben.«[33] Deswegen geschieht jedes Leiden in der Verfolgung »um Christi willen«, weswegen Martin Luther schreibt: »Das muss man festhalten, dass alle Verfolgung, auch selbst die geistliche, welche durch den Teufel im Herzen geschieht, um Christi willen stattfindet.«[34] Jesus selbst hat immer wieder klargestellt, dass die Verfolgung um seinetwillen geschieht (z. B. Matthäus 10,22 = Lukas 21,17: »Ihr werdet von allen gehasst werden um meines Namens willen«; Matthäus 16,25: »Wenn jemand sein Leben um meinetwillen verliert …«; Lukas 21,12: »euch vor Könige und Statthalter führen um meines Namens willen …«).

Ein Märtyrer ist »ein Christ, der freiwillig den Tod erleidet als die Strafe für das Bezeugen oder die Weigerung, seinen Glauben oder einen dazugehörigen Lehrsatz, ein Prinzip oder eine Verhaltensweise zu verleugnen«[35]. »Das Martyrium, so wie wir heute diesen Begriff auffassen, ist der Tod um des christlichen Glaubens oder der christlichen Sitte willen.«[36]

Dass es berechtigt ist, Verfolgung aufgrund einer »Verhaltensweise« oder einer »Sitte« der Christen wirklich als Verfolgung anzusehen, macht die Offenbarung des Johannes sehr deutlich.[37] Der antichristliche Staat (»das Tier«) verfolgt nämlich »die Heiligen, die die Gebote Gottes und den Glauben an Jesus Christus festhalten« (Offenbarung 14,12) und wird deswegen untergehen. Genauso werden in Offenbarung 12,17 die beschrieben, die »der Drache« verfolgt. Wie selbstverständlich werden die Christen zuerst als solche charakterisiert, die Gottes Gebote halten und dann erst als die, die zu Jesus Christus gehören.

Keine automatische Frucht

Christenverfolgung führt nicht automatisch zu Gemeindewachstum oder zur Reinigung und Festigung des christlichen Glaubens und der Kirche. Dies machen für Deutschland sowohl die Zeit des Nationalsozialismus als auch des Kommunismus in der DDR deutlich. Die Leidenserfahrung dieser Zeiten haben weder zu einer gründlichen Beschäftigung mit dem Thema Christenverfolgung noch zu einer Erweckung oder zu Gemeindewachstum geführt. Doch selbst, wenn das Martyrium große Frucht bringt, handelt es sich um keinen Automatismus, sondern um eine Gnade Gottes.

Natürlich gibt es Situationen wie in China, wo die Kirche in der Verfolgung wächst. Oft ist es aber auch so, dass erst das enorme Wachstum der Kirche die Verfolgung auslöst oder aber die Kirche in Ländern wächst, die immer schon die Menschenrechte missachteten.

Nach Jesu Gleichnis vom vierfachen Ackerfeld (Matthäus 13,3-8.20-22) sind Verfolgung und Druck für den Glauben ebenso gefährlich wie Reichtum und Habsucht.

Christen im Westen neigen dazu, Christenverfolgung zu glorifizieren, Christen in Ländern mit Christenverfolgung neigen dazu, Freiheit und Wohlstand zu glorifizieren. In seinem berühmten Gleichnis vom vierfachen Ackerfeld nennt Jesus neben denen, die das Wort Gottes gerne aufnehmen und umsetzen, und denen, die es rundheraus ablehnen, zwei weitere Gruppen von Menschen, die prinzipiell für das Wort Gottes aufgeschlossen sind, aber bei denen der Glaube dann doch unter die Räder kommt: »Bei dem aber auf felsigen Boden gesät ist, das ist, der das Wort hört und es gleich mit Freuden aufnimmt; aber er hat keine Wurzel in sich, sondern er ist wetterwendisch; wenn sich *Bedrängnis oder Verfolgung* erhebt um des Wortes willen, so fällt er gleich ab. Bei dem aber unter die Dornen gesät ist, das ist, der das Wort hört, und *die Sorge der Welt und der betrügerische Reichtum* ersticken das Wort, und er bringt keine Frucht« (Matthäus 13,20-22).

Christen verfolgen Christen und andere

Schon im Alten Testament erfolgt die Verfolgung der Propheten und wahren Gläubigen nicht oder nicht nur durch den jüdischen oder heidnischen Staat, sondern durch das organisierte Volk Gottes. Israel selbst verfolgte die Propheten ebenso wie dann Jesus und die Apostel. Darauf hat Jesus immer wieder hingewiesen, wenn er die geistlichen Führer seiner Zeit in eine Linie mit den Mördern der alttestamentlichen Propheten gestellt hat (Matthäus 5,10-12; 10,23; 23,34; Lukas 11,49; 13,34; 21,12; Johannes 5,16; ähnlich auch Stephanus in Apostelgeschichte 7,52; vgl. auch Petrus in Apostelgeschichte 2,23). Die Pharisäer und Schriftgelehrten legen nach Jesus »Zeugnis« gegen sich selbst ab, dass »ihr Söhne derer seid, die die Propheten getötet haben« (Matthäus 23,31). Paulus fasst das mit den Worten zusammen: »Aber so wie damals der nach dem Fleisch Geborene den nach dem Geist Geborenen verfolgte, so ist es auch heute noch« (Galater 4,29; vgl. 1. Thessalonicher 2,14-15).

Auch im Neuen Testament tritt neben den heidnischen Staat als Hauptursache der Verfolgung die verblendete Kirche, die im Namen Gottes die wahren Gläubigen verfolgt. Jesus wird sowohl durch die Führer des Volkes Israels als auch durch die des heidnischen Staates gefoltert, misshandelt und qualvoll umgebracht. Dies wird auch in der Offenbarung des Johannes deutlich, wo die Christen verfolgende abgefallene Kirche und Religion als »Hure Babylon« bezeichnet wird. Jesus hat es auf den kurzen Nenner gebracht: »Es wird aber eine Zeit kommen, dass der, der euch tötet, meint, dass er damit Gott einen Gefallen tut« (Johannes 16,2).

»Die Martyriumstheologie darf die in der Geschichte vielfach nachgewiesene Tatsache, daß Christen ›im Namen des christlichen Glaubens‹ Verfolgung und Tod verbreitet haben, nicht verschweigen.«[38] Es sei nur an die Zwangsbekehrungen im Mittelalter, die Kolonialisierung Lateinamerikas, die Kreuzzüge, die Bekämpfung der Häretiker, die Inquisition und die vielen Judenpogrome erinnert. Bereits im 4. Jahrhundert wird der Begriff des Märtyrers auf Christen ausgedehnt, die von anderen Christen, die sich für rechtgläubig hielten, getötet wurden.

Mit der Reformationszeit tritt eine unschöne Konfessionalisierung des Märtyrerbegriffes und der Märtyrerbücher mit Sammlungen von Märtyrergeschichten bei Katholiken, Orthodoxen, Protestanten, Anglikanern, Lutheranern, Reformierten und Puritanern ein, bei der als Märtyrer immer nur die getöteten Christen der eigenen Konfession gelten. Auch im Bereich der Täufer, Quäker und anderer Richtungen setzte sich diese Auffassung durch. Das wird aber der Wirklichkeit nicht gerecht, haben doch alle Konfessionen ebenso Märtyrer zu beklagen wie selbst Märtyrer durch Verfolgung andersdenkender Christen geschaffen. Selbst bis heute werden Christen von Christen verfolgt, so etwa die Angehörigen verschiedener Kirchen durch die orthodoxe Kirche in Russland. Aber zum Glück gehört das aufs Ganze gesehen mehr und mehr der Vergangenheit an.

Hilfe aus der Offenbarung des Johannes

Die Offenbarung des Johannes enthält eine gewaltige Botschaft, die Christen in immer neuen historischen Situationen Mut gibt und über die wir uns unabhängig von unserer jeweiligen Auslegung der Offenbarung im Detail einig sein sollten: Die Gemeinde breitet sich nicht durch Macht, Geld oder Gewalt aus, sondern durch die Autorität Jesu, durch das Wort Gottes, den Heiligen Geist und durch das Gebet.

Selbst wenn Gott zulässt, dass sich die religiöse Macht und die staatliche Macht gegen die Gemeinde Jesu zusammenrotten und es deswegen so aussieht, als ob die Gemeinde Jesu auf dieser Erde am Ende wäre, bereiten die falsche Religion und der pervertierte Staat nur ihren eigenen Untergang vor, wenn sie die Gemeinde Jesu bekämpfen. Ja, Gott sorgt am Ende dafür, dass sich die Mächte dieser Welt gegenseitig bekämpfen und die politischen Mächte die religiösen Gegner der Gemeinde Jesu vernichten, so wie in der Offenbarung die weltliche Macht des Tieres urplötzlich Gottes Gericht an der religiösen Macht der Hure Babylon vollzieht.

Jesus hat verheißen: »Ich werde meine Gemeinde bauen und die Pforten der Hölle werden sie nicht besiegen« (Matthäus 16,12). Gottes Reich wächst unaufhaltsam gegen alle Widerstände der religiösen, geistigen, wirtschaftlichen und politischen Mächte dieser Welt. Hat sich dieses geistliche Prinzip nicht schon im Alten Testament immer wieder gezeigt? Hat nicht Jesus in seinen Wachstumsgleichnissen ebenso davon gesprochen wie im Missionsbefehl und mit seiner Feststellung, dass die Pforten der Hölle die Gemeinde, die er baut, nicht aufhalten können?

Hat sich dieses Prinzip nicht auch in der Kirchengeschichte immer wieder bewiesen, denn wo ist das Römische Reich geblieben, wo der Manichäismus, wo viele andere enorm verbreitete Religionen der Antike, die große Gegner des Christentums waren und heute nur noch für Historiker von Interesse sind? Wo ist der Nationalsozialismus geblieben und wo die von Deutschland und Russland ausgehende kommunistische Weltrevolution?

Paulus hat persönlich von sich gesagt: »... in dem ich Leid ertrage bis zu Fesseln wie ein Übeltäter. Aber das Wort Gottes ist nicht gebunden« (2. Timotheus 2,8-9). Sollte das nicht auch für die Ausbreitung des Evangeliums gelten: Einzelne Christen kann man fesseln, Kirchengebäude zerstören, aber das Wort Gottes und die Gemeinde Jesu nicht.

III. |Praktische Tipps

Konkrete Ideen für Kirchengemeinden

Das Thema Christenverfolgung sollte selbstverständlicher Bestandteil des Lebens einer Gemeinde sein und in allen Arbeitszweigen und Veranstaltungen immer wieder einmal angesprochen und in Erinnerung gerufen werden.

- Beten Sie jeden Sonntag oder zumindest regelmäßig im Gottesdienst für die verfolgten Christen – allgemein, für ein konkretes Land oder für einen konkreten Christen. Machen Sie dies zu einem selbstverständlichen Bestandteil Ihrer Liturgie.
- Predigen Sie wenigstens einmal im Jahr über das Thema Christenverfolgung und einmal im Jahr über »Die Kosten der Nachfolge« (mögliche Predigttexte: Lukas 21,12-15; Hebräer 10,32-39; 1. Petrus 2,13-17; Matthäus 5,10-16; 2. Thessalonicher 1,3-12; Galater 1,23-24; Markus 10,29-30; 2. Korinther 2,9-10; 4,7-12; Römer 8,35-39; Johannes 15,18-21; Apostelgeschichte 16,13-34).
- Vermeiden Sie nicht für Predigt oder im Bibel- oder Hauskreis Texte, in denen von Verfolgung die Rede ist oder in denen das Lebensbild von Märtyrern wie Stephanus, Paulus oder Jeremia beschrieben wird. Wenn Abschnitte zum Thema zu Ihrem Predigttext gehören, sollten Sie das auch entsprechend in Ihrer Predigt aufnehmen.
- Sorgen Sie dafür, dass in jedem Gebetstreffen Ihrer Gemeinde oder in Ihrem Ort wenigstens für *ein* konkretes Anliegen verfolgter Christen gebetet wird.
- Überlegen Sie, welcher ausländische Christ aus Ihrem Umfeld aus einer Verfolgungssituation kommt und ein kurzes Zeugnis geben kann. Vielleicht hat auch ein Ge-

meindeglied durch Beruf oder Reisen etwas Persönliches zum Thema zu berichten.

- Führen Sie Gottesdienste, Gemeindeabende oder Hauskreisabende in Zusammenarbeit mit einem Missionswerk oder einer Menschenrechtsorganisation durch, die sich für verfolgte Christen einsetzen.

- Machen Sie aus dem weltweiten Gebetstag für verfolgte Christen – jedes Jahr im November – eine Woche zum Thema mit Ausstellungswand, Gemeindebriefartikel, Gastrednern und anderen Highlights. Versuchen Sie, alle Veranstaltungen der vorangehenden oder folgenden Woche dem Thema Christenverfolgung zu widmen, also zum Beispiel Bibelstunden, Hauskreise, Gebetstreffen oder Jugendkreise. Sollte Ihre Konfession den Gedenktag für verfolgte Christen auf ein anderes Datum gelegt haben, ist dies meist etwas schwieriger, z. B. in der römisch-katholischen Kirche oder der Evangelischen Kirche in Württemberg am 26. Dezember jedes Jahres, aber eine Ausstellungswand zwischen Weihnachten und Neujahr ist auch dann möglich. Erfragen Sie, welches Material Ihre Konfession dazu zur Verfügung stellt.

- Beauftragen Sie ein Gemeindeglied, die Gemeinde regelmäßig mit aktuellen Informationen zum Thema Christenverfolgung zu versorgen.

- Setzen Sie einen Beauftragten für Menschenrechte, für Religionsfreiheit oder für Christenverfolgung ein, der Kontakt zu den Arbeitszweigen der Gemeinde einerseits und zu Missionswerken und Menschenrechtsorganisationen andererseits unterhält.

- Sorgen Sie dafür, dass entsprechende Zeitschriften von Missionswerken und Menschenrechtsorganisationen ausliegen oder für Interessierte zum Lesen zur Verfügung stehen.

- Organisieren Sie von Zeit zu Zeit eine kleine Ausstellung zum Thema oder reservieren Sie einen Platz am Schwarzen Brett der Gemeinde für dieses Anliegen.

- Stellen Sie ein Faktenblatt pro Monat oder Quartal zusammen und verteilen Sie es in der Gemeinde oder hängen Sie es an den Gemeindeaushang. Oder beziehen Sie das Monatsblatt mit einem täglichen Anliegen des AKREF[39].
- Stellen Sie wenigstens *eine* Geldsammlung pro Jahr für verfolgte Christen in aller Welt zur Verfügung, wenn das innerhalb Ihrer Konfession nicht sowieso vorgegeben oder empfohlen wird.

Konkrete Ideen für den Einzelnen

- Schreiben Sie ermutigende Briefe an verfolgte Christen und deren Familien und Gemeinden. Missionswerke und Menschenrechtsorganisationen sind Ihnen dabei behilflich, Adressen zu bekommen.
- Beginnen Sie Brieffreundschaften (E-Mail-/Chat-Freundschaften) mit verfolgten oder von Verfolgung betroffenen Christen.
- Unterstützen Sie Unterschriftenaktionen und das Schreiben von Briefen an Regierungen und Botschaften.
- Informieren Sie sich vor Urlaubs- und Berufsreisen in andere Länder, wie dort die Lage der Religionsfreiheit ist und ob Sie den Christen vor Ort durch Geschenke, Appelle oder manchmal auch durch Besuche helfen können.
- Schreiben Sie Briefe an deutsche Politiker und die Botschaften betroffener Länder in Deutschland. Schreiben Sie Briefe an Botschaften und Politiker in den betroffenen Ländern. Die Missionswerke und Menschenrechtsorganisationen helfen Ihnen gegebenenfalls dabei.
- Nehmen Sie Kontakt mit den Abgeordneten Ihrer Wahlkreise oder anderen Entscheidungsträgern auf und versorgen Sie diese mit Informationen über Christenverfolgung, z. B. durch Übergabe des Jahrbuches »Märtyrer 2007«.

Konkrete Ideen für Politiker und Politikerinnen

- Sorgen Sie dafür, dass überall, wo Menschenrechtsverletzungen thematisiert werden, auch die Verletzung von Religionsfreiheit und die gewaltsame Unterdrückung Andersgläubiger zum Thema wird, und die Verfolgung von Christen und anderen Religionsanhängern nicht verschwiegen, sondern mit anderen Menschenrechtsverletzungen gleichrangig behandelt wird.

- Engagieren Sie sich vor allem in solchen Menschenrechtsorganisationen, die regelmäßig und öffentlich die Verfolgung Andersgläubiger, auch von Christen, thematisieren und nicht-religiöse Fragen ausklammern. Fordern Sie andere Menschenrechtsorganisationen dazu auf, sich auch solcher Themen anzunehmen.

- Übernehmen Sie die Patenschaft von verfolgten Christen. Das bedeutet für Sie meist wenig Einsatz, kann aber den Betroffenen das Leben retten, christenverfolgende Regierungen bremsen und die Thematik öffentlich machen.

- Setzen Sie sich dafür ein, dass die gesetzliche und rechtliche Lage der Asylanten in Deutschland und Europa, die Konvertiten vom Islam zum Christentum sind, verbessert wird.

»80 Prozent der religiös Verfolgten weltweit sind Christen. Nie wurden sie stärker verfolgt. Und nirgendwo werden sie öfter diskriminiert als in islamischen Ländern. Darauf verwiesen nun die Internationale Gesellschaft für Menschenrechte und die Evangelische Weltallianz.« Diese Nachricht in der »Welt am Sonntag« am 18. 6. 2006 kommentierte Till-Reimer Stoldt wie folgt: »Kein Regime der Welt lässt sich gern beim Blutsaufen zuschauen. Meist reicht schon die öffentliche Kritik einer westlichen Regierung, um etwa die Todesstrafe für einen Konvertiten im Iran, Afghanistan oder Nigeria abzuwenden. Doch Europas Politiker zaudern, diese Macht konsequent einzusetzen, wie Menschenrechtler beklagen. Denn: Solidarität mit Christen könnte ja kulturkämpferisch wirken. Trotzdem tut sie not, weil muslimische oder hinduistische Regierungen und Hilfsorganisationen meist nur ›ihren‹ Leuten helfen. Diese Selektion der Hilfswürdigen zwingt den Westen, sich der ›Unwürdigen‹ anzunehmen. Das heißt natürlich nicht, die Selektion zu kopieren. Nur sollten wir Menschenrechte künftig auch für Christen so offensiv einklagen wie etwa für muslimische Kurden, Bosnier, Kosovaren oder Häftlinge in Guantánamo. Gefolterte und bedrohte Christen hoffen auch deshalb auf Europa, weil sie vor allem in muslimischen Ländern als fünfte Kolonne des Westens verleumdet und verfolgt werden. Doch die EU-Staaten ignorieren, weit mehr als die USA, diese Verantwortung und verharren in einer Zurückhaltung, die unterlassener Hilfeleistung gleichkommt.«

Evangelische Allianz: Eine internationale Bewegung bringt Konfessionen zusammen und kämpft für die Rechte aller Religionen.

Die Türkei musste Priestern Entschädigung zahlen
aus: Rheinischer Merkur Nr. 41, 13. 10. 2005

Zu denen, die sich früh für Religionsfreiheit einsetzten, gehört die erste ökumenische Bewegung, die Mitte des 19. Jahrhunderts in London gegründete Evangelische Allianz. In neuerer Zeit hat sie sich wieder stärker dieser ursprünglichen Aufgabe gewidmet. Die Allianz setzte sich für verfolgte Christen anderer Konfessionen ein, aber auch damals schon für Baha'i und Zeugen Jehovas. 1855 besuchte eine internationale Kommission der Allianz den türkischen Sultan und erreichte wesentliche Erleichterungen für einheimische orthodoxe Kirchen. Eine andere

Kommission sprach beim russischen Zaren wegen der Unterdrückung der Evangelischen im Baltikum vor.

Zu den treibenden Kräften der Allianz gehörten oft Repräsentanten missionarisch aktiver Freikirchen. Deren Prediger stießen auf dem alten Kontinent oft genug auf Barrieren. Der englische Baptist Edward Steane etwa, einer der führenden Köpfe der Allianz in Menschenrechtsfragen, kämpfte erfolgreich für baptistische Gemeindegründer im katholischen Italien und, mit weniger Erfolg, im mehrheitlich evangelischen Deutschland, das den »baptistischen Bestrebungen« eher misstraute.

Damit ist die Evangelische Allianz nicht nur ein Zusammenschluss von Christen verschiedener Kirchen, sondern auch eine der ältesten Menschenrechtsorganisationen – was ihren eigenen Anhängern selbst nicht immer bewusst ist.

Die Weltweite Evangelische Allianz (WEA) hat deswegen nach dem Zweiten Weltkrieg eine eigene Kommission für Religionsfreiheit eingerichtet, die seit 1997 auch einen Beraterstatus bei den Vereinten Nationen besitzt und jährlich einen Bericht an die UNESCO und die Menschenrechtskommission der Vereinten Nationen übergibt. Die Kommission will zusammen mit den etwa 140 nationalen Evangelischen Allianzen für Religionsfreiheit im Sinne von Artikel 18 der Allgemeinen Erklärung der Menschenrechte eintreten; durch Mobilisierung von Christen im Gebet, durch Unterstützung gewaltloser Reaktionen auf Religionshass, aber auch durch Informieren von Regierungen, der Presse und durch die Zusammenarbeit mit anderen Menschenrechtsorganisationen sowie auf juristischem Weg.

Die Kommission hat zwölf Mitglieder aus allen Erdteilen und 20 führende Politiker aus aller Welt als Berater. Als Berater wirkt dort der CDU-Bundestagsabgeordnete Hermann

Gröhe mit, der auch Mitglied im Rat der Evangelischen Kirche in Deutschland (EKD) ist. Direktor ist der finnische lutherische Pfarrer Johan Candelin, Vorsitzender der Rechtsanwalt und Parlamentsabgeordnete John Langlois von der Kanalinsel Guernsey. Der Kommission für Religionsfreiheit stehen im Netzwerk »Advocates International« etwa 1000 Rechtsanwälte aus aller Welt zur Seite, die auf dem Rechtsweg Hilfe für betroffene Menschen suchen. Bisher hat die Evangelische Allianz alle Musterprozesse gewonnen, die sie etwa für Kirchen aus der Ukraine, aus der Türkei und aus Griechenland vor den Europäischen Gerichtshof für Menschenrechte gebracht hat.

So musste die Ukraine eine zerstörte Kirche wieder aufbauen, die Türkei Entschädigung für die Folter unschuldiger Priester bezahlen und Griechenland einen Radiosender zulassen. Erstaunlich häufig lohnt sich der massive und kombinierte Einsatz von Rechtsweg, Einfluss auf Politiker und Medienarbeit, sodass Betroffene freigelassen werden, das Land verlassen dürfen oder Behörden in Zukunft zurückhaltender sind.

Aber trotz des politischen Einsatzes und der Medienarbeit ist der jährliche weltweite Gebetstag für verfolgte Christen das Herzstück der Arbeit. An ihm nahmen 2004 schätzungsweise 60 000 Kirchengemeinden teil. Daneben informiert die Kommission regelmäßig etwa 2300 Parlamentarier in aller Welt mit gut dokumentierten Hintergrundberichten über aktuelle Fälle von Christenverfolgung und Gefährdung der Religionsfreiheit. Außerdem gibt es einen regelmäßig versandten weltweiten E-Mail-Gebetsinformationsdienst.

Nachdem auch in Deutschland der weltweite Gebetstag für verfolgte Christen am zweiten Novembersonntag zum Bestand des evangelischen Kalenders wurde (das jedenfalls zeigt ein Blick in das Herrnhuter Losungsbuch), hat die Deutsche Evangelische Allianz im Jahr 2000 die Einrichtung eines Arbeitskreises »Religionsfreiheit – Menschenrechte – Einsatz für verfolgte Christen« als nationales Gegenstück zur weltweiten Kommission beschlossen und als Mitglieder Theologen, Menschenrechtler und Politiker berufen. Vorsitzender ist der württembergische Pfarrer Paul C. Murdoch, der acht Jahre in Pakistan gelebt hat. Inzwischen hat sich die Österreichische Evangelische Allianz (ÖEA) angeschlossen und die Schweizerische Evangelische Allianz (SEA) einen eigenen Arbeitskreis geschaffen, mit dem es eine enge Zusammenarbeit gibt.

Der deutsche Arbeitskreis veröffentlicht einen täglichen Gebetskalender und zweiwöchentlich internationale Meldungen für Presse und Politik. Außerdem publiziert er Bücher, darunter ein Jahrbuch (derzeit »Märtyrer 2005«). Der Kreis hat viel dazu beigetragen, dass die Zahl der Pressemeldungen in deutschen Medien zum Thema zugenommen hat und sich parteinahe Stiftungen und politische Instanzen stärker des Themas annehmen, allen voran die Konrad-Adenauer-Stiftung.

Auch in Europa gibt es Arbeit: Zusammen mit der Europäischen Evangelischen Allianz, für die eine skandinavische Politikerin als Vertreterin in Brüssel wirkt, und den Mitgliedern der Konferenz Europäischer Kirchen (KEK) wurden Verbesserungen der europäischen Antidiskriminierungsrichtlinie in Bezug auf religiöse Einrichtungen erreicht. Und selbst in Deutschland zeigt etwa die Unterstützung von Asylrechtsverfahren, die mit Verfolgung aufgrund religiöser Zugehörigkeiten zu tun haben, dass das Thema nicht erledigt ist. Schon mehrfach haben Gutachten zur Lage der Religionsfreiheit in den Heimatländern der Asylbewerber vor Gericht den Ausschlag gegeben.

Aktuelle Informationen zur Christenverfolgung – deutsch

- www.ead.de/arbeitskreise/religionsfreiheit/nachrichten.html [evangelikal]
- www.opendoors-de.org [evangelikal, dort auch »Verfolgungs- index«]
- www.dbk.de/initiativen/solidaritaet/home/index.html [katholisch]
- www.kirche-in-not.org [katholisch]
- www.menschenrechte.de [säkular]
- www.csi-de.de [evangelikal]
- www.h-m-k.org [evangelikal]
- www.verfolgte-christen.de [Verweise auf andere]
- www.iirf.eu/index.php?id=20&L=0 [Verweise auf andere]
- www.avc-missionswerk.org

Grundsätzliche Texte zur Christenverfolgung – deutsch

- http://de.wikipedia.org/wiki/Christenverfolgung
- www.bucer.de/verfolgung
- www.persecutio.de
- www.hss.de/11 287.shtml [säkulare Dokumentation]

Englischsprachige Internetseiten und Organisationen (alphabetisch)

- www.advocatesinternational.org [Anwälte im Auftrag der Allianz], dort auch »Current Issues« [wichtige Texte und Links]
- www.barnabasfund.org
- www.christianmonitor.org
- www.christianpersecution.info
- www.compassdirect.org [Compass Direct]
- www.csi-int.org [Christian Solidarity International]
- www.cswusa.com [Christian Solidarity Worldwide]
- www.idop.org [Internationaler Gebetstag für Christen]
- www.iirf.eu [Internationales Institut für Religionsfreiheit]

- www.keston.org oder www.starlightsite.co.uk/keston/ [Keston Institute]
- www.opendoors-de.org [Open Doors]
- www.operationworld.org
- www.persecution.net [Voice of the Martyrs]
- www.persecution.org [Int. Christian Concern]
- www.religionandpolicy.org [Institute on Religion and Public Policy]

Berichte zur Religionsfreiheit – englisch

- www.freedomhouse.org
- www.religiousfreedom.com [International Coalition for Religious Freedom]
- www.state.gov/g/drl/rls/irf [US-Außenministerium, Abteilung Religionsfreiheit]
- www.uscirf.gov [Kommission der US-Regierung zur Religionsfreiheit]

Menschenrechtsorganisationen – deutsch

- www.igfm.de [Internationale Gesellschaft für Menschenrechte]
- www.gfbv.de [Gesellschaft für bedrohte Völker]
- (www.amnesty.de hat traditionell leider wenig zum Thema Christenverfolgung)

Menschenrechtsorganisationen – englisch

- www.hrw.org [Human Rights Watch]
- www.hrwf.net [Human Rights Without Frontiers]
- www.ihf-hr.org [International Helsinki Federation for Human Rights]
- www.ishr.org [International Society for Human Rights]
- (www.amnesty.org hat traditionell wenig zum Thema Christenverfolgung)

Regelmäßige E-Mail-Nachrichten anfordern – deutsch

- listmgr@ead.de – im Betreff »subscribe akref-nachrichten«
  [wöchentliche Übersicht über alle Nachrichten]
- listmgr@ead.de – im Betreff »subscribe akref-gebetsanliegen«
  [monatlich ein Gebetsanliegen pro Tag]
- info@opendoors-de.org [regelmäßige Gebetsanliegen und
  Nachrichten]
- info@igfm.de [monatliche Informationen der IGFM zur
  Christenverfolgung]

Regelmäßige E-Mail-Nachrichten anfordern – englisch

- join-rl-prayer@xc.org [regelmäßige Gebetsinformationen der RLC
  der WEA, Moderator: rl-prayer@crossnet.org.au]
- religious-liberty@xc.org [E-Mail-Konferenz für Abgeordnete usw.
  der RLC (Religious Liberty Commission) der WEA, Anfragen beim
  Moderator]
- info@compassdirect.org [kostenpflichtig; Anmeldung beim Moderator; Nachrichten des Pressedienstes Compass Direct]
- f18news-eurasia+subscribe@forum18.org [Anmeldung auch über
  www.forum18.org]
- Office@MEConcern.org [regelmäßige Informationen über Christen
  im Mittleren Osten]
- irpp@religionandpolicy.org [regelmäßige Infos zu aktuellen
  Ereignissen zu Religion, Politik und Menschenrechten]

Zur Theologie der Christenverfolgung – deutsch

- Christof *Sauer*, Mission und Martyrium, Bonn: VKW 2000
- Thomas *Schirrmacher,* Christenverfolgung geht uns alle an: Auf dem Weg zu einer Theologie des Martyriums. idea-Dokumentation 15/99, Wetzlar: idea 2001 (2. erw. Aufl.)
- *ders.:* »Wenn einer leidet ... leiden alle mit? Solidarität mit verfolgten Christen praktisch«, in: Confessio Augustana 1/2000, S. 37–39
- Werner *Stoy*, Mut für Morgen: Christen vor der Verfolgung, Gießen: Brunnen 1980

Zur Theologie der Christenverfolgung – englisch

- Glenn M. *Penner*, In the Shadow of the Cross: A Biblical Theology of Persecution and Discipleship, Bartlesville: Living Sacrifice 2004 (dt. Übersetzung im Hänssler Verlag geplant)
- Thomas *Schirrmacher*, The Persecution of Christians Concerns Us All. Towards a Theology of Martyrdom, Bonn: VKW 2001
- Josef *Tson*, Suffering, Martyrdom and Rewards in Heaven. Lanham: University Press of America 1997

Christenverfolgung – allgemein und Berichte – deutsch

- Reinhard *Backes*, Sie werden euch hassen: Christenverfolgung heute, Augsburg: Sankt Ullrich Verlag 2005
- Johan *Companjen*, Betet für uns: Christen in der Bedrängnis. Informationen über 52 Länder, Wuppertal: R. Brockhaus 2002
- Hermann *Gröhe*, »Unsere Solidarität ist gefordert: Verfolgung von Christen in aller Welt«, in: Evangelische Verantwortung 3/2000, S. 1–3
- Philipp W. *Hildmann* (Hg.), »Sie werden Euch hassen ...«: Christenverfolgung weltweit, München: Hanns-Seidel-Stiftung 2007; kostenlose Bestellung und Download unter www.hss.de/11 287.shtml

- Max *Klingberg*/Ron *Kubsch*/Thomas *Schirrmacher* (Hg.), Märtyrer –
  Das Jahrbuch zur Christenverfolgung heute. idea-Dokumentation.
  Bonn: VKW. Es liegen die Jahrbücher 2001–2007 vor. *Märtyrer
  2008* erscheint im Oktober 2008. Download von Auszügen aus
  Märtyrer 2007 unter www.bucer.eu/maertyrer2007.html
- *Konrad-Adenauer-Stiftung* (Hg.), Verfolgte Christen heute:
  Christen in den Ländern Afrikas, Asiens, des Nahen Ostens und
  Lateinamerikas, Berlin: Konrad-Adenauer-Stiftung 1999
- Andrea *Riccardi*, Salz der Erde, Licht der Welt: Glaubenszeugnis
  und Christenverfolgung im 20. Jahrhundert, Freiburg: Herder 2002
- Thomas *Schirrmacher*, »Christenverfolgung – ein drängendes
  Thema der Politik«, in: Souverän (Senioren Union der CDU
  Deutschlands) 1/2007, S. 14–16

Christenverfolgung – allgemein und Berichte – englisch

- Ann *Ball* (mit Paul *Marx*/Stephen *Dunham*), The Persecuted Church
  in the Late Twentieth Century, Avon: Magnificat Press 1990
- Andrew *Chandler* (Hg.), The Terrible Alternative: Christian Martyrdom in the Twentieth Century, London/New York: Cassell 1998
- Harold D. *Hunter*/Cecil M. *Robeck*, The Suffering Body: Responding
  to the Persecution of Christians, Milton Keynes: Paternoster 2006
- Paul A. *Marshall,* Their Blood Cries Out: The Untold Story of Perse-
  cution against Christians in the Modern World, Dallas: Word 1997
- Elwood *McQuaid,* Persecuted, Eugene: Harvest House 2004
- József Gyula *Orbán De Lengyelfalva*, Violence Against Christians in
  the Year 2004, Aid to the Church in Need: Sutton 2004
- Herbert *Schlossberg*, A Fragrance of Oppression: The Church and
  Its Persecutors, Wheaton: Crossway 1991
- Nina *Shea*, In The Lion's Den: Persecuted Christians and What the
  Western Church Can Do About It, Nashville: Broadman & Holman
  1997
- *World Evangelical Alliance*, Geneva Report 2005: A Perspective
  on Global Religious Freedom, MBS Texte 45, Bonn:
  Martin Bucer Seminar 2005, Download: www.bucer.de/downloads/
  mbstexte045.pdf

Christenverfolgung – persönliche Berichte und Einzelschicksale

- *Bruder Andrew*, Der Schmuggler Gottes, Wuppertal: R. Brockhaus 2008[14]
- Charlie *Cleverly*, Mut für morgen: Märtyrer fordern uns heraus, Hamburg: Fliss 2006
- Anneke *Companjen*, Bittere Tränen – Leuchtende Hoffnung: die verfolgte Kirche und ihre vergessenen Frauen, Gießen: Brunnen 2006
- Im Kerker für Christus: Gefangene des Monats und verfolgte Christen im beginnenden 21. Jahrhundert, idea-Dokumentation 5/2003, Wetzlar: idea 2003
- Martin *Lange*/Reinhold *Iblacker* (Hg.), Christenverfolgung in Südamerika: Zeugen der Hoffnung, Freiburg: Herder 1980
- Soon Ok *Lee*, Lasst mich eure Stimme sein! Sechs Jahre in Nordkoreas Arbeitslagern, Gießen: Brunnen 2006
- Kay *Marshall Strom*/Michele *Rickett,* Töchter der Hoffnung: Bewegende Berichte von Frauen, die wegen ihres Glaubens verfolgt werden, Aßlar: Schulte und Gerth 2004
- Andreas *Rapp* (Hg.) (mit Gladys *Staines*), Sie starben für Jesus: Tatort Manoharpur, Indien, Gießen: Brunnen 2000
- Dong-Hee *Sohn*, Die Straße zum Himmel: Sie kämpften und starben für Gott und Menschen, Gießen: Brunnen 2006
- Richard *Wurmbrand*, Gefoltert für Christus: Ein Bericht vom Leiden und Bekennen der unterdrückten Kirche in Ländern hinter dem Eisernen Vorhang, Uhldingen: Hilfsaktion Märtyrerkirche 2004[19]

Christenverfolgung – einzelne Länder

- Konrad *Brandt*, Thomas *Schirrmacher* (Hg.). Herausforderung China: Ansichten, Einsichten, Aussichten. Bonn: VKW, 2004
- Christen Asiens: zwischen Gewalterfahrung und Sendungsauftrag, EMW-Informationen Nr. 124 (Okt 2000), EMW: Hamburg 2000
- Irina *Ossipowa*, Wenn die Welt euch hasst. Die Verfolgung der katholischen Kirche in der UdSSR, Annweiler: Plöger 2000
- Thomas *Schirrmacher*, »Christenverfolgung und Unterdrückung der Religionsfreiheit im Iran«, in: Philipp W. *Hildmann* (Hg.). »Sie werden Euch hassen...«: Christenverfolgung weltweit, München: Hanns-Seidel-Stiftung 2007, S. 55–70

- Gabriele *Yonan*, Ein vergessener Holocaust: Die Vernichtung der christlichen Assyrer in der Türkei, Göttingen: Gesellschaft für bedrohte Völker 1989

Verfolgung von Christen aus Deutschland in der Geschichte
- Hans *Maier* (Hg.), Martyrium im 20. Jahrhundert, Annweiler: Plöger 2004
- Helmut *Moll* (Hg.), Zeugen für Christus – Das deutsche Martyrologium des 20. Jahrhunderts (2 Bde.), Paderborn: Schöningh 2006[4]
- *ders.*, Die katholischen deutschen Märtyrer des 20. Jahrhunderts. Ein Verzeichnis, Paderborn: Schöningh 2005[4]
- Thomas *Schirrmacher*, Hitlers Kriegsreligion: Die Verankerung der Weltanschauung Hitlers in seiner religiösen Begrifflichkeit und seinem Gottesbild (2 Bde.), Bonn: VKW 2007
- Rolf *Steininger* (Hg.), Vergessene Opfer des Nationalsozialismus, Innsbruck: Studien-Verlag 2000
- Clemens *Vollnhals* (Hg.), Die Kirchenpolitik von SED und Staatssicherheit – eine Zwischenbilanz, Berlin: Links 1996
- Zeugen einer besseren Welt: Christliche Märtyrer des 20. Jahrhunderts, Leipzig: Evangelische Verlagsanstalt 2000

Aktuelle Entwicklung in Westeuropa
- Asyl für Konvertiten? Aachen: missio 2008; kostenlose Bestellung und Download unter www.missio-aachen.de/Images/ 26 %20AsylfuerKonvertitenDEF_tcm14-45 357.pdf
- Gabriele M. *Liegmann*, Eingriffe in die Religionsfreiheit als asylerhebliche Rechtsgutverletzung religiös Verfolgter, Baden-Baden: Nomos 1993
- Thomas *Schirrmacher*/Thomas *Zimmermanns* (Hg.), Ein Maulkorb für Christen? Juristen nehmen Stellung zum deutschen Antidiskriminierungsgesetz und ähnlichen Gesetzen in Europa und Australien, Bonn: VKW 2005 (zugleich idea-Dokumentation 12/2005)

Berichte zur Lage der Religionsfreiheit – englisch
- Der beste und aktuellste Bericht ist:
  Paul A. *Marshall* (Hg.), Religious Freedom in the World 2007, Lanham: Rowman & Littlefield 2008

- Kevin *Boyle*/Juliet *Sheen* (Hg.), Freedom for Religion and Belief: A World Report, London/New York: Routledge 1997
- Freedom of Religion: A Report with Special Emphasis on the Right to Choose Religion and Registration Systems, Forum 18: Oslo 2001; auch Download unter www.normis.no, dann unten auf »Forum 18« klicken
- U. S. Department of State: Annual Report on International Religious Freedom 2007 (erscheint jährlich), abrufbar unter http://www.state.gove/g/drl/rls/irf/2007

Religionsfreiheit aus christlicher Sicht

- EKD, Bedrohung der Religionsfreiheit: Erfahrungen von Christen in verschiedenen Ländern, EKD-Texte 78. Hannover 2003; auch Download unter www.ekd.de/ekd_texte/78.html oder http://www.ekd.de/EKD-Texte/2059_ ekd_texte_78.html
- Thomas *Schirrmacher*, »Einsatz gegen Christenverfolgung nur in eigener Sache? Warum Religionsfreiheit ein zentrales Thema der Politik sein sollte«, in: Evangelische Verantwortung (EAK der CDU/CSU) 10/2006, S. 6–14
- Karl Heinz *Voigt*/Thomas *Schirrmacher* (Hg.), Menschenrechte für Minderheiten in Deutschland und Europa: Vom Einsatz für die Religionsfreiheit durch die Evangelische Allianz und die Freikirchen im 19. Jahrhundert (zugleich idea-Dokumentation 3/2004), Bonn: VKW 2003

Religionsfreiheit aus säkularer Sicht – deutsch

- Silvio *Ferrari*, »Die Religionsfreiheit im Zentrum der Globalisierung und der Postmoderne: Das Problem der Proselytenmacherei«, in: Gewissen und Freiheit 56/2001, S. 130–150
- Burkhard *Guntau*, »Möglichkeit und Grenzen der Religionsfreiheit«, in: Materialdienst der EZW 9/2007, S. 325–336
- David *Hewson*, Das Blut der Märtyrer, München: Ullstein 2004
- Thomas *Lemke*, Religionsfreiheit als Menschenrecht. Die Sonderberichterstatter der Vereinten Nationen zu religiöser Intoleranz, Marburg: Tectum 2001
- Thomas *Schirrmacher*, »Glauben ist ein Menschenrecht«, in: ai-Journal 8/2000, S. 6–9

- *ders.*, »Mission ist unverzichtbares Menschenrecht«, in:
  Menschenrechte (IGFM) 3/2006, S. 17–20

Religionsfreiheit und Religionswechsel aus säkularer Sicht – englisch

- en.wikipedia.org/wiki/Freedom_of_religion
- Paul *Marshall*, »The Current State of Religious Freedom«, in:
  International Bulletin of Missionary Research 2/2001, S. 64–66
- Jean-Paul *Marthoz*/Joseph *Saunders*, «Religion and the Human
  Rights Movement", in: Human Rights Watch World Report 2005,
  New York: Human Rights Watch 2005, S. 40–69;
  auch Download unter www.hrw.org/wr2k5/religion/religion.pdf
- Jean-François *Renucci*, Article 9 of the European Convention on
  Human Rights: Freedom of Thought, Conscience and Religion,
  Brüssel: Council of Europe Publishing 2005
- Paul M. *Taylor*, Freedom of Religion: UN and European Human
  Rights Law and Practice,
  Cambridge: Cambridge University Press 2005
- Johan D. *van der Vyveer*/John *Witte* (Hg.), Religious Human
  Rights in Global Perspectives: Legal Perspectives,
  Den Haag: Nijhoff 1996
- John *Witte*/Richard C. *Martin* (Hg.), Sharing the Book: Religious
  Perspectives on the Rights and Wrongs of Proselytism,
  Maryknoll: Orbis 1999
- John *Witte*/Johan D. *van der Vyveer* (Hg.). Religious Human
  Rights in Global Perspectives: Religious Perspectives,
  Den Haag: Nijhoff 1996

Zur Religionsstatistik

- David *Barrett* u. a., World Christian Encyclopedia: A Comparative
  Survey of Churches and Religions in the Modern World (2 Bde.),
  New York/Oxford: Oxford University Press 2001. *Aktualisierun-
  gen* dazu im ökumenischen International Bulletin of Missionary
  Research, s. jährliche Kurzfassung unter: www.gordonconwell.edu/
  ockenga/globalchristianity/IBMR2008.pdf
- Patrick J. *Johnstone*, Gebet für die Welt:
  Handbuch für Weltmission, Holzgerlingen: Hänssler 2003[7] (Infor-

mationen über jedes Land der Erde) – englische *Aktualisierungen* unter www.operationworld.org

Menschenrechte aus christlicher Sicht

- Allen D. *Hertzke*, Freeing God's Children: The Unlikely Alliance for Global Human Rights, Lanham: Rowman & Littlefield 2004
- Thomas K. *Johnson*, Human Rights and Christian Ethics, Bonn: Martin Bucer Seminar 2007; Download unter www.bucer.eu/uploads/media/mbstexte054.pdf
- Thomas *Schirrmacher*, Mission und der Kampf um die Menschenrechte, RVB: Hamburg 2001
- *ders.*, »Wie hältst Du's mit den Menschenrechten: Die Gretchenfrage an die Religionen«, in: Pfälzisches Pfarrerblatt (6/2006), S. 305–321

Islam

- *Bat Ye'or*, Der Niedergang des orientalischen Christentums unter dem Islam: 7. – 20. Jahrhundert, Gräfelfing: Resch 2002
- Adel Theodor *Khoury*, Christen unterm Halbmond: Religiöse Minderheiten unter der Herrschaft des Islam, Freiburg im Breisgau: Herder 1994
- *ders.*, Was sagt der Koran zum heiligen Krieg? Gütersloh: Gütersloher Verlagshaus Mohn 1991
- Paul *Marshall* (Hg.), Radical Islam's Rules: The Worldwide Spread of Extreme Shari'a Law, Lanham: Rowman & Littlefield 2005
- Andrea *Morigi* u. a., Die Religionsfreiheit in den Ländern mit überwiegend islamischer Bevölkerung, München: Kirche in Not/ Ostpriesterhilfe 1999
- Christine *Schirrmacher*, Die Scharia: Recht und Gesetz im Islam, Holzgerlingen: Hänssler 2007
- *dies.*, »Die Scharia«, in: Menschenrechte 1/2005, S. 14–20
- dies., Islamische Menschenrechtserklärungen und ihre Kritiker: Einwände von Muslimen und Nichtmuslimen gegen die Allgültigkeit der Scharia. Rechtspolitisches Forum – Legal Policy Forum 39, Trier: Institut für Rechtspolitik an der Universität Trier, 2007

Anmerkungen

[1] Max *Klingberg* in *Klingberg/Kubsch/Schirrmacher*, Märtyrer 2007, Bonn: VKW 2007, S. 71.

[2] U.S. Department of State: Annual Report on International Religious Freedom 2007 (erscheint jährlich), abrufbar unter http://www.state.gove/g/drl/rls/irf/2007

[3] *Marshall*, »Current State«, 2001, S. 64–66.

[4] *Klingberg,* a.a.O., S. 71–73.

[5] Alle folgenden Zahlen nach World Christian Encyclopedia und der jährlichen Aktualisierung (beides s. Lit.verz.).

[6] Überwiegend in Nord-Nigeria lebende Volksgruppe.

[7] *Klingberg*, a.a.O., S. 73.

[8] Die Linguistin Lisanna Görtz untersuchte für ihre Masterarbeit an der Universität Bonn Bushs sämtliche Radiobotschaften und kam zu dem Ergebnis, dass Bush weniger oft über Gott spricht als die meisten seiner Amtsvorgänger und dass religiöse Anklänge bei ihm nur in Ansprachen zu christlichen Feiertagen, wie z.B. Ostern und Weihnachten, auftauchen.

[9] Der religiöse Anteil einer politischen Kultur.

[10] Geiko *Müller-Fahrenholz,* In göttlicher Mission, Politik im Namen des Herrn – Warum George W. Bush die Welt erlösen will, München: Droemer/Knaur 2003.

[11] Ursprüngliche Kirche mit nationalen Wurzeln.

[12] Z.B. »Conversion Tactics – Violence« auf: www.christianaggression.org/tactics_violence.php. Andreas *Nehrung*, »Bekehrung als Protest: Zur Bekehrung religiöser Identität der Dalits in Indien«, in: Zeitschrift für Religionswissenschaft 12/2004, S. 3–21, zeigt, dass die Anti-Bekehrungs-Gesetze sich auf überhaupt keine von Christen ausgehende Gefahr stützen, sondern auf den Protest der Dalits gegen den Hinduismus und die politische Reaktion eben dieser Hindus, die die Kastenidentität Indiens nicht aufs Spiel setzen wollen.

[13] S. dazu rechtlich bes. *Taylor*, Freedom of Religion, 2005.

[14] *Liegmann*, Eingriffe in die Religionsfreiheit, 1993, S. 99.

[15] Gottfried *Küenzlen*, »Pluralismus, Toleranz und Wahrheit. Der liberale Verfassungsstaat und die ›Sekten‹«, in: Materialdienst der EZW 2/2000, S. 37.

[16] Märtyrer 2007, S. 74–75.

[17] Ich danke Open Doors für das Recht der gekürzten Wiedergabe der Länderbeschreibungen.

[18] *Brandt, Schirrmacher*, Herausforderung China, 2004.

[19] Charles W. *Colson*, »Foreword«, in: Nina *Shea*, In The Lion's Den, 1997, S. ix.

[20] Vgl. z. B. Bernard *Ruffin*, The Days of Martyrs: A History of the Persecution of Christians from Apostolic Times to the Time of Constantine, Huntington: Our Sunday Visitor 1985.

[21] Franz Kardinal *Hengsbach*, »Vorwort«, in: Gebetstag für die verfolgte Kirche 1991, Arbeitshilfen 85, Bonn: Sekretariat der Deutschen Bischofskonferenz: 1991. S. 6.

[22] Eine ausführliche Theologie der Christenverfolgung findet sich in *Schirrmacher*, Christenverfolgung geht uns alle an, 2001.

[23] Peter *Beyerhaus*, Die Bedeutung des Martyriums für den Aufbau des Leibes Christi, in: Diakrisis 3/1999, S. 131–141 [Nachdruck aus Orthodoxe Rundschau 16/1984, S. 4–24], hier S. 134.

[24] Ebd.

[25] Ebd., S. 141.

[26] *Sauer*, Mission und Martyrium, 1994, S. 108 (Neuausgabe siehe Lit.verz.).

[27] Eduard *Christen*, »Martyrium III/2.«, in: Gerhard *Krause*/Gerhard *Müller* (Hg.), Theologische Realenzyklopädie. Bd. 22, Berlin: de Gruyter 1992, S. 215.

[28] Vgl. Evangelischer Namenkalender: Gedenktage der Christenheit. Kassel: Evangelische Buchhilfe 1979; vgl. auch die Liste in: Evangelisches Tagzeiten-Buch, Göttingen: Vandenhoeck & Ruprecht 1998[4].

[29] Vgl. Thomas *Schirrmacher*, »Die Entstehung der christlichen Heiligenverehrung in der Spätantike«, in: Bibel und Gemeinde 2/1990, S. 166–175.

[30] Vgl. Martin *Scharfe*, »Der Heilige in der protestantischen Volksfrömmigkeit«, in: Hessische Blätter für Volkskunde 60/1969, S. 93–106.

[31] Otto *Michel*, Prophet und Märtyrer, Gütersloh: Bertelsmann 1932, S. 30.

[32] Ethelbert *Stauffer*, »Märtyrertheologie und Täuferbewegung«, in: Zeitschrift für Kirchengeschichte 52/1933, S. 547–548.

[33] Karl *Hartenstein*, Wann wird das geschehen?, Stuttgart: Evangelischer Missionsverlag 1951, S. 15.

[34] Martin *Luthers* sämtliche Schriften. Hg. von Joh. Georg *Walch*. Groß Oesingen: Verlag der Lutherischen Buchhandlung H. Harms 1986 (Nachdruck von 1910^2), Bd. V, S. 106.

[35] *Sauer*, a. a. O., S. 54.

[36] Karl *Rahner*, Zur Theologie des Todes, Freiburg: Herder 1958, S. 73.

[37] Vgl. *Michel,* a. a. O., S. 42.

[38] *Christen*, a. a. O., S. 218.

[39] »Arbeitskreis für Religionsfreiheit – Menschenrechte – verfolgte Christen der Deutschen Evangelischen Allianz«.